MON PROF à la maison

MATHS – CP

Conception des activités

Camille Denoël Mélanie Mettra

rue des écoles

Éditions rue des écoles – 7/9, rue Saint-Germain l'Auxerrois – 75001 Paris
EAN : 9782820816412
Achevé d'imprimer en Europe, par Mazarine Networks en mai 2024
Dépôt légal : juin 2024

FSC www.fsc.org MIXTE Papier issu de sources responsables FSC® C105899

Avant-propos

La collection « Mon prof à la maison » constitue un support idéal pour renforcer les notions étudiées en mathématiques tout au long de l'année scolaire. Les activités proposées accompagnent l'enfant pas à pas dans l'acquisition et le renforcement des connaissances et compétences indispensables à sa progression.

Ne soyez pas inquiet s'il a besoin de temps et de pratique pour maîtriser la complexité des nombres : les enfants n'avancent pas tous au même rythme. N'oubliez pas que si le comptage et les opérations sont largement automatisés chez les adultes, les enfants en découvrent les principes.

Patience, accompagnement bienveillant et encouragements sont de véritables moteurs pour la réussite de tous.

Contenu du cahier

Des pages d'exercices Les activités présentes dans ce cahier sont centrées sur les compétences mathématiques abordées tout au long de l'année de CP.

Des pages d'évaluation Après huit à dix leçons, une évaluation est proposée afin de faire le point sur les notions acquises. Ces bilans permettent de constater les progrès réalisés ou les éventuelles difficultés rencontrées.

Des pages mémo Présents en fin d'ouvrage, ces mémos sont une aide pour les exercices et les évaluations. Votre enfant peut s'y référer aussi souvent qu'il le souhaite.

Des pages de matériel Des éléments à découper et à manipuler offrent un appui au raisonnement et favorisent le passage du concret à l'abstrait.

Des corrigés détachables Vous pouvez retirer les pages de corrigés afin d'éviter à votre enfant la tentation de consulter les réponses.

J'interviens à chaque page pour donner des conseils méthodologiques et des astuces qui aident à réaliser les exercices.

Sommaire

MÉMOS

MATÉRIEL

Se repérer dans l'espace (1)

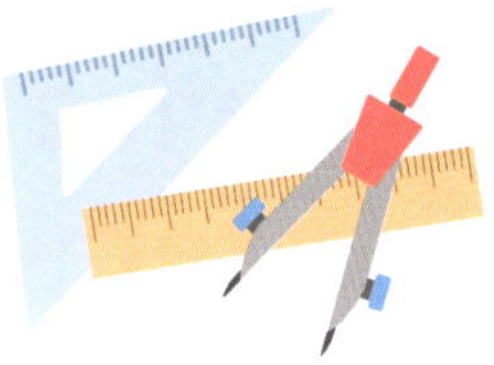

1 Deux animaux se cachent dans ces décors.
Suis chaque parcours fléché pour les faire apparaître !

Les chiffres indiquent le nombre de cases sur lesquelles tu dois te déplacer, et les flèches te montrent la direction à prendre.

a. 1 ↘ 1 → 1 ↗ 3 ↑ 2 ← 1 ↙ 3 ↓ 2 ← 2 ↓ 2 ← 1 ↑ 1 → 1 ↑
2 ← 3 ↑ 1 ↗ 3 → 1 ↘

Pour t'aider, tu peux barrer les indications au fur et à mesure de tes déplacements.

b. 3 ← 1 ↑ 3 → 1 ↑ 1 → 1 ↓ 1 → 1 ↗ 1 ↓ 1 → 1 ↗ 1 ↓ 1 →
1 ↗ 1 ↓ 1 → 3 ↑ 1 ↘ 3 ↓ 1 ↙ 1 ← 1 ↓ 1 ← 1 ↑ 3 ← 1 ↓
1 ← 1 ↑ 5 ← 1 ↑

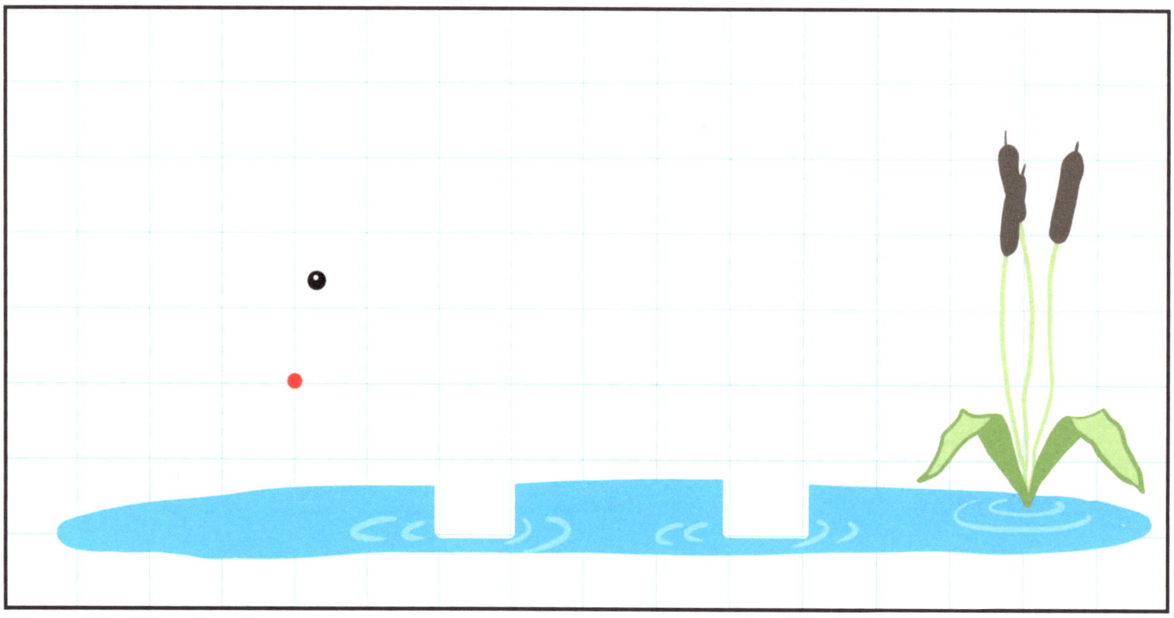

Écrire et nommer les nombres inférieurs à 20

JE RETIENS

Voici des nombres, entre 10 et 20, écrits en lettres :

1	un	6	six	11	onze	16	seize
2	deux	7	sept	12	douze	17	dix-sept
3	trois	8	huit	13	treize	18	dix-huit
4	quatre	9	neuf	14	quatorze	19	dix-neuf
5	cinq	10	dix	15	quinze	20	vingt

Tu trouveras un rappel de l'écriture des nombres à la ***page 50.***

1 Colorie de la même couleur le nombre en chiffres et son écriture en lettres.

cinq | 5 | sept | 20 | 7 | dix-neuf | 12 | vingt | 19 | douze

2 Colorie le nombre de billes demandées.

a. 7

b. 15

c. 13

3 Écris en lettres le nombre d'éléments dessinés.

a.  14

b.  20

c.  18

Il y a .... poires. Il y a .... papillons. Il y a .... castors.

DÉFI

Qui suis-je ?

Je ne marche pas vite. Je suis verte. Je mange de la salade.

le serpent — la tortue — le chat

Écrire et nommer les nombres inférieurs à 50

JE RETIENS

Voici des nombres, entre 21 et 50, écrits en lettres :

21	vingt et un	26	vingt-six	31	trente et un	40	quarante
22	vingt-deux	27	vingt-sept	32	trente-deux	45	quarante-cinq
23	vingt-trois	28	vingt-huit	33	trente-trois	50	cinquante
24	vingt-quatre	29	vingt-neuf	34	trente-quatre		
25	vingt-cinq	30	trente	35	trente-cinq		

*Tu trouveras un rappel de l'écriture des nombres à la **page 50**.*

1 Colorie de la même couleur le nombre en chiffres et son écriture en lettres.

cinquante — 33 — 25 — vingt-cinq — quarante-huit — 44 — 48 — trente-trois — 50 — quarante-quatre

2 Écris en chiffres le nombre d'éléments contenus dans chaque boîte.

a. 

b. 

Tu peux barrer les éléments à mesure que tu les comptes !

3 Écris en lettres les nombres suivants :

a. 24 : ....

b. 39 : ....

c. 47 : ....

4 Recopie les nombres suivants :

25

36

47

50

Lorsque tu écris les chiffres, tu dois toujours monter de deux interlignes.

Comparer des nombres inférieurs à 50

1 Indique combien chaque enfant a de crayons. Entoure en **bleu** celui qui en a le moins et en **vert** celui qui en a le plus.

a.

b.

c.

Clara a .... crayons.

Louis a .... crayons.

Lison a .... crayons.

2 Range ces nombres du plus petit au plus grand : 12 – 45 – 27 – 36 – 50 – 8 .

Pour comparer deux nombres plus petits que 50, on commence par comparer les chiffres des dizaines. S'ils sont identiques, on compare ceux des unités.

3 Combien de points doit faire le dé pour que le pion de Chloé arrive entre la case 43 et la case 46 ? Il y a deux réponses possibles, complète chacun des dés pour indiquer les deux solutions.

a. ☐

b. ☐

Qui suis-je ?

Je suis un nombre à deux chiffres.
Mon chiffre des unités est 7.
Si on m'ajoute 12, on trouve un nombre dont le chiffre des dizaines est 4.

→ ....

Faire des groupements de 10 – la dizaine

JE RETIENS

Lorsque l'on regroupe des objets par 10, on appelle cela une dizaine.

 = 1 unité

 = 1 dizaine

Exemple :  = 2 dizaines et 4 unités = 24 billes.

1 Marco veut compter ses billes. Pour ne pas en oublier, il a fait des paquets de 10. Combien a-t-il de billes en tout ?

Marco a .... billes.

2 Lili range ses petites voitures. Aide-la à les compter en faisant des paquets de 10.

Lili peut faire .... paquets de 10 petites voitures. Il reste .... petites voitures isolées.

Elle a donc .... petites voitures.

3 Colorie de la même couleur les étiquettes qui sont égales.

2 dizaines 4 unités

24

45

4 dizaines 5 unités

16

1 dizaine 6 unités

32

3 dizaines 2 unités

Observe bien l'exemple.

Introduction à l'addition

JE RETIENS

L'opération qui consiste à réunir les objets de deux collections s'appelle l'addition.
Elle s'écrit avec le signe « + ».

Exemple : J'avais 3 billes. J'en ajoute 4 de plus. J'en ai à présent 7.

Cela s'écrit : 3 + 4 = 7.

1 Relie les collections à l'addition qui leur correspond.

4 + 3 3 + 2 5 + 1

2 Paul doit avancer de 5 cases. Sur quelle case va-t-il arriver ?

21	22	23	24	25	26	27	28	29	30

Paul arrive sur la case ....

3 Colorie de la même couleur chaque addition et son résultat.

5 11 + 8 17 3 + 6 23 2 + 3 9 19 10 + 7 20 + 3

On peut additionner 2 + 3 ou 3 + 2, le résultat est le même.

DÉFI

Comment est-ce possible ?

UN + UN = 4 QUATRE + CINQ = 10 DIX + DIX = 6

→ ....

Introduction à la soustraction

JE RETIENS

L'opération qui consiste à enlever des objets d'une collection s'appelle la soustraction. Elle s'écrit avec le signe « – ».

Exemple : J'avais 7 billes. J'en ai perdu 3. Il m'en reste 4.
Cela s'écrit : 7 – 3 = 4.

1 Pour chaque carte, barre les éléments en trop pour obtenir le nombre demandé.

a. 
7

b. 
10

c. 
20

2 Nora doit reculer de 5 cases. Sur quelle case va-t-elle arriver ?

43	44	45	46	47	48	49	50	51	52

Nora arrive sur la case ....

3 Calcule les soustractions et coche le bon résultat.

a. 10 – 4

☐ 2 ☐ 4 ☐ 6

b. 9 – 5

☐ 4 ☐ 5 ☐ 7

*Tu peux t'aider des cubes à découper de la **page 53** !*

4 Calcule les soustractions, puis colorie les cases correspondant aux résultats pour découvrir le mot mystère.

a. 15 – 7 = ...
b. 20 – 11 = ...
c. 19 – 5 = ...
d. 27 – 10 = ...
e. 15 – 3 = ...

E	B	C	R	A	P	S	V	U	O
11	9	10	14	8	13	15	17	16	12

Le mot mystère est : ....

Utiliser la règle (1)

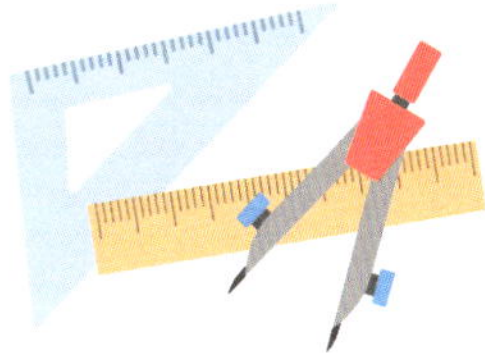

1 Trace le ruban qui ferme ces cadeaux en repassant sur les traits jaunes à l'aide de ta règle.

2 Repasse sur les pointillés à l'aide de ta règle, puis colorie la jonque !

Avant de commencer, veille toujours à ce que ton crayon soit bien taillé et que ta règle soit alignée sur les lignes que tu veux tracer ou sur les points que tu veux relier.

3 Observe le modèle et complète le dessin de ce poisson à l'aide de ta règle.

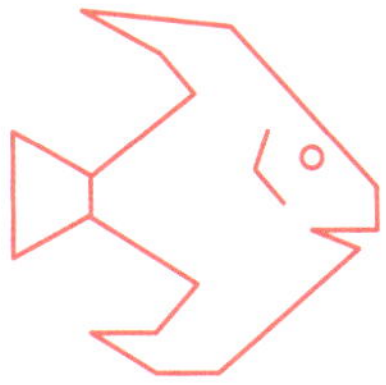

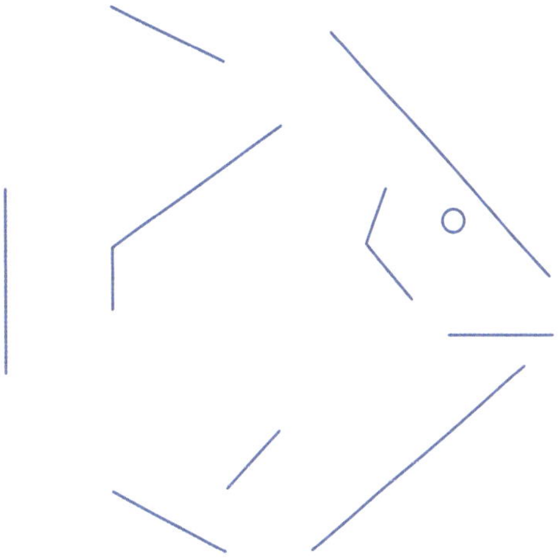

DÉFI

Sauras-tu résoudre cette énigme ?

Julien, face au miroir, tient un morceau de papier sur lequel on voit écrit « xib ». Quel mot a-t-il écrit en réalité ?

→ ....

Écrire et nommer les nombres inférieurs à 100

JE RETIENS

Voici des nombres, entre 51 et 100, écrits en lettres :

51	cinquante et un	56	cinquante-six	65	soixante-cinq	90	quatre-vingt-dix
52	cinquante-deux	57	cinquante-sept	70	soixante-dix	95	quatre-vingt-quinze
53	cinquante-trois	58	cinquante-huit	75	soixante-quinze	100	cent
54	cinquante-quatre	59	cinquante-neuf	80	quatre-vingts		
55	cinquante-cinq	60	soixante	85	quatre-vingt-cinq		

1 Colorie de la même couleur le nombre en chiffres et son écriture en lettres.

quatre-vingts | 64 | soixante-dix-sept | 99 | 57

77 | cinquante-sept | 80 | soixante-quatre | quatre-vingt-dix-neuf

2 Écris en chiffres le nombre de biscuits contenus dans chaque boîte.

a.
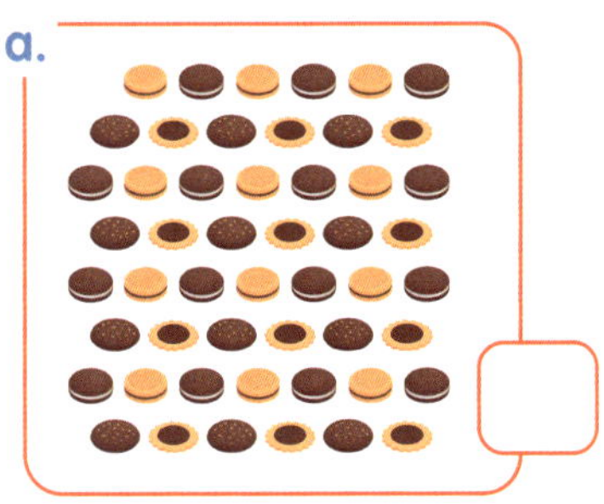

b.

c.

3 Écris en lettres les nombres suivants :

a. 67 : ....

b. 74 : ....

c. 98 : ....

4 Recopie les nombres suivants :

52

79

84

100

Les polygones

JE RETIENS

Un polygone est une figure fermée, que l'on peut tracer à la règle.

Exemples :

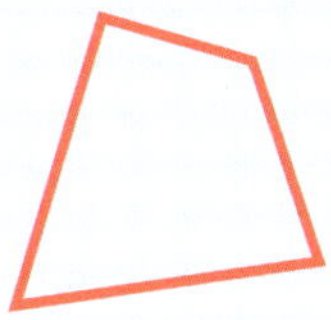

C'est un polygone.

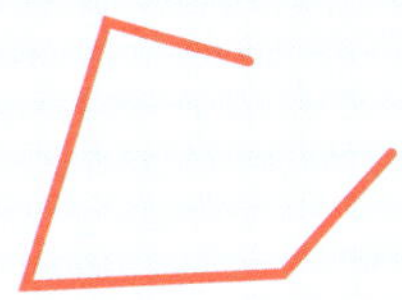

Ce n'est pas un polygone.

1 Colorie les polygones.

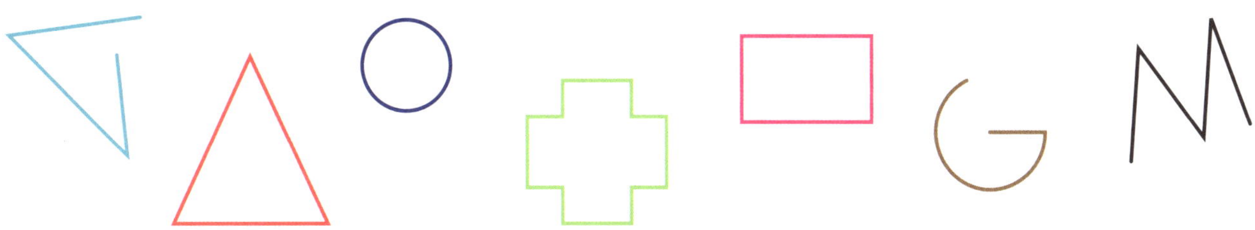

2 Colorie en **bleu** les polygones à trois côtés, en **rouge** les polygones à quatre côtés, en **vert** les polygones à cinq côtés et plus, et en **gris** les non-polygones.

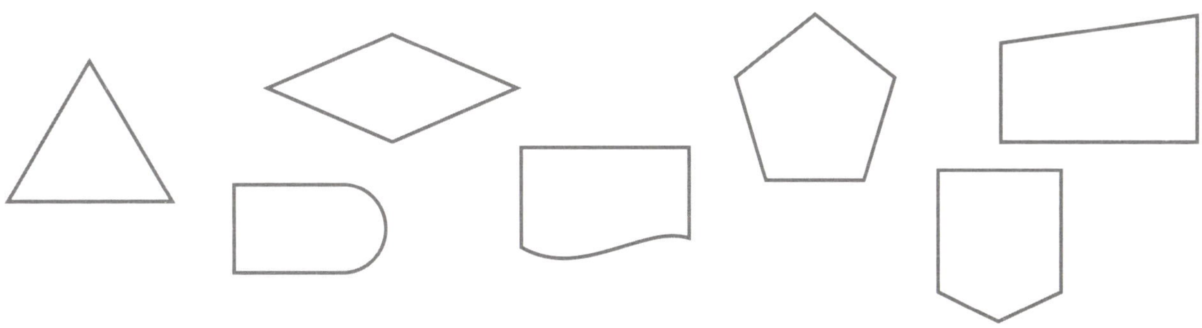

3 Trace des polygones avec le nombre de côtés demandés.

a. 3 côtés

b. 4 côtés

Veille à ce que ta figure soit bien fermée !

DÉFI

Quelle pièce du tangram de départ n'a pas été utilisée ?

a. **b.** **c.**

Évaluation

Maintenant, place à l'évaluation ! Si certains exercices te paraissent trop difficiles, n'hésite pas à t'entraîner encore un peu avec l'aide d'un adulte.

1 Place les nombres manquants sur la chenille.

2 Écris le nombre en chiffres ou en lettres.

a. 12 : ....

b. .... : quarante-neuf

c. 54 : ....

d. 32 : ....

e. .... : cent

f. .... : seize

3 Range les nombres écrits sur les jetons dans l'ordre croissant.

90 93 96 100 98 91 97 99 89 92 95 94

4 Dessine les billes manquantes pour constituer le nombre indiqué (utilise les paquets de 10 pour t'aider !).

a. 3 dizaines.

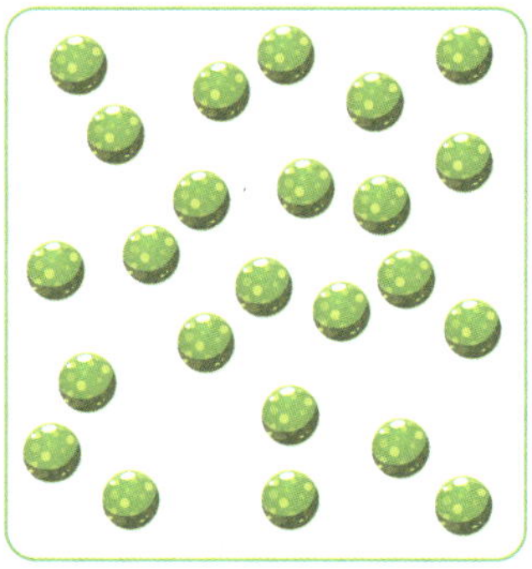

b. 1 dizaine.

c. 2 dizaines.

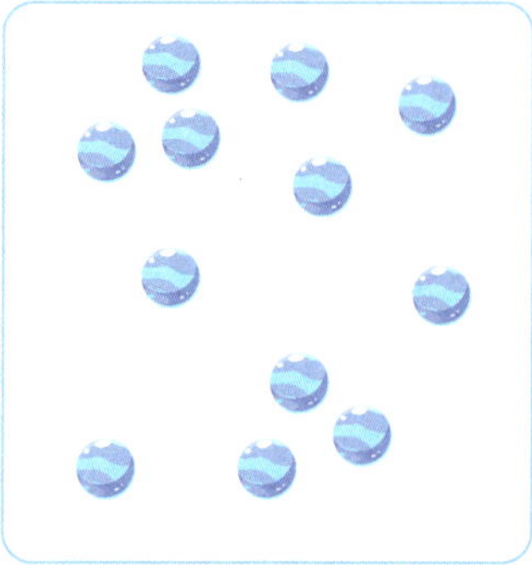

5 L'une de ces figures n'est pas un polygone. Entoure-la.

6 Trouve la forme mystère en reliant les points de 1 à 12 avec une règle.

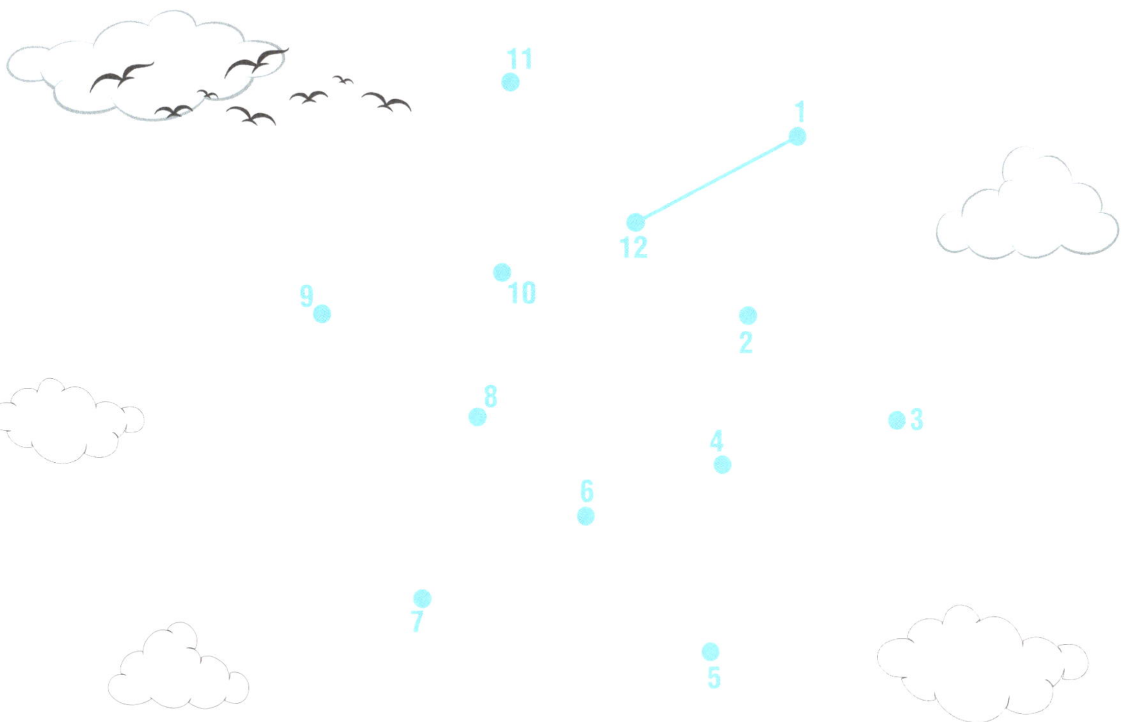

Entraîne-toi à calculer rapidement de tête ! Utilise un chronomètre et essaie de trouver tous les résultats en moins de 5 minutes !

TOP CHRONO !

Calcule le plus vite possible.

5 + 3 = ...	2 + 7 = ...
9 − 2 = ...	7 − 0 = ...
8 + 8 = ...	10 + 4 = ...
15 − 5 = ...	20 − 5 = ...
8 + ... = 9	6 + ... = 10
6 + ... = 12	9 + ... = 18

Se repérer dans l'espace (2)

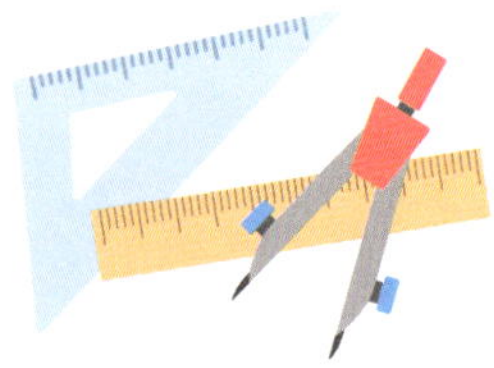

1 Dessine en suivant les consignes.

a. Place un lapin devant l'arbre à droite de l'image.
b. Place un oiseau au-dessus de la maison.
c. Place un poisson dans la rivière.
d. Place des fleurs entre la taupe et la rivière.

Prends le temps de lire plusieurs fois la phrase avant de dessiner chaque élément !

2 Aide Margot à rejoindre Hana en suivant le code.

→	→	→	↑	↑	↑	←	←	↑	↑	→	→	→	↑	→

3 Indique les cases où se trouvent les chenilles et dessine les papillons dans les cases indiquées.

Les chenilles se trouvent en (.......... ; ....),

(.......... ; ....) et (.......... ; ....).

Les papillons sont en (B ; 2), (D ; 4) et (C ; 1).

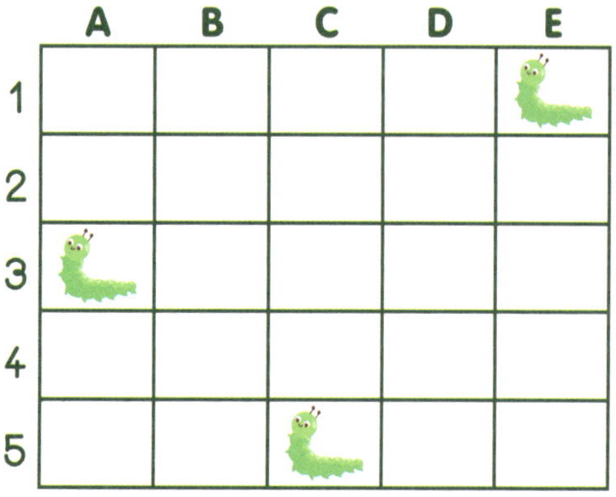

Remplir un tableau à double entrée

❶ Complète le tableau avec les formes et les couleurs manquantes.

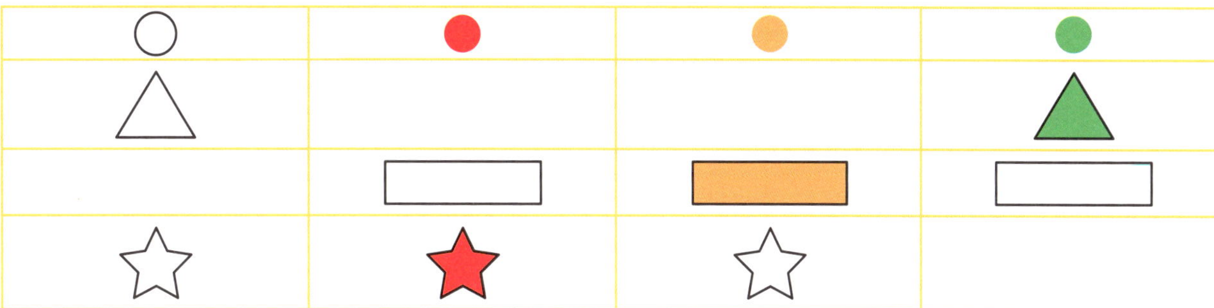

❷ Complète le tableau.

❸ Y a-t-il des erreurs dans le tableau ? Barre la ou les case(s) incorrecte(s) si c'est le cas.

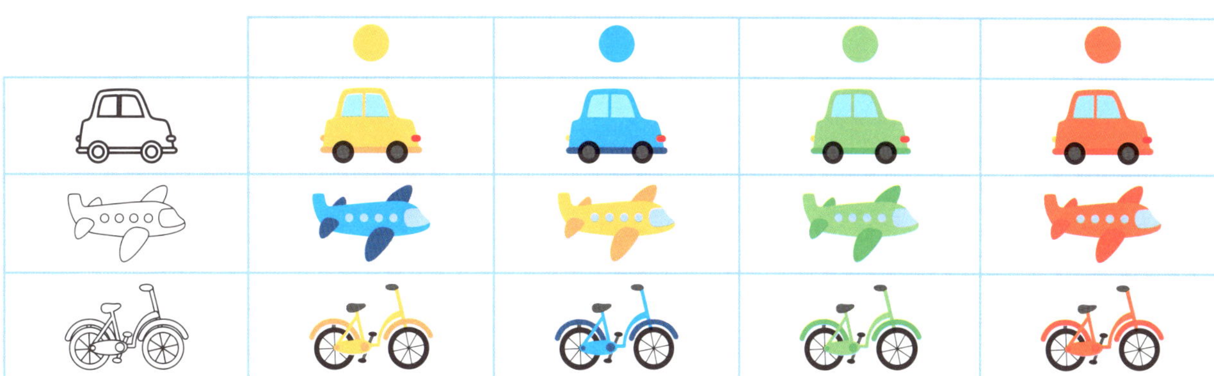

DÉFI

Sauras-tu compléter cette suite de nombres ? Observe bien la frise !

36	40	44				

Essaie de trouver le lien entre les nombres déjà écrits.

Les doubles et les moitiés

JE RETIENS

Lou a 4 bonbons. Paul en a 8. Il en a le double.
8 = 4 + 4 = 4 × 2 8 est le double de 4.

2 est le double de 1.
6 est le double de 3.
10 est le double de 5.

Lou a 6 bonbons. Elle les partage avec Paul.
Ils en ont chacun 3.
6 = 3 + 3 = 3 × 2 3 est la moitié de 6.

2 est la moitié de 4.
4 est la moitié de 8.
6 est la moitié de 12.

1 Dessine dans le sac bleu les bonbons manquants pour qu'il y en ait le double de ceux du sac vert.

2 Léna veut donner la moitié de ses petites voitures à Paul. Colorie en **bleu** celles qu'elle va lui donner.

3 Fais les calculs et colorie les bons résultats.

a.

8 + 8		
14	12	16

b.

5 + 5		
10	8	12

Tu peux t'aider du mémo de la page 51 !

4 Tao veut faire une omelette. Il a besoin de 10 œufs, mais il n'en a que la moitié. Entoure la boîte dont il a besoin pour avoir le nombre d'œufs nécessaire.

5 œufs

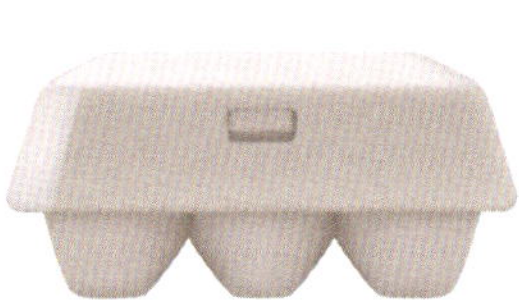

10 œufs

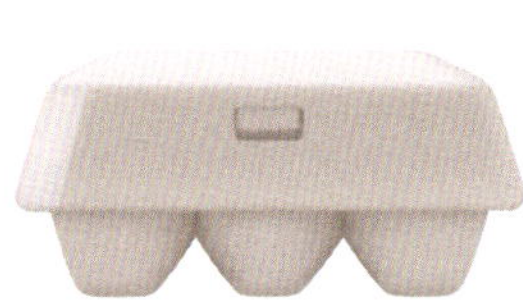

20 œufs

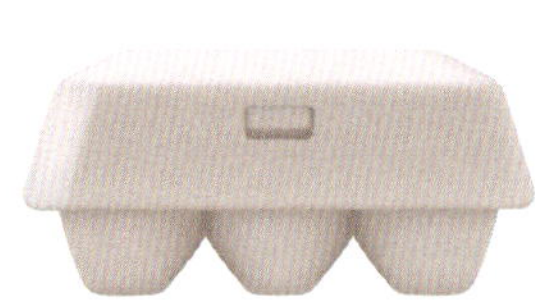

Utiliser la règle (2)

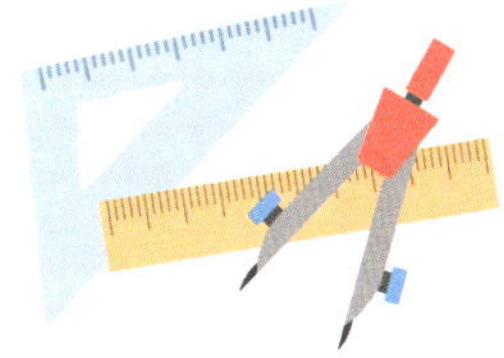

JE RETIENS

La **règle** sert à tracer des droites et des segments.

Pour tracer un trait à la règle, il faut la tenir fermement au milieu, et faire glisser le crayon de gauche à droite si l'on est droitier, ou de droite à gauche si l'on est gaucher.

1 Entoure l'image sur laquelle la règle est bien placée pour tracer le segment [AB].

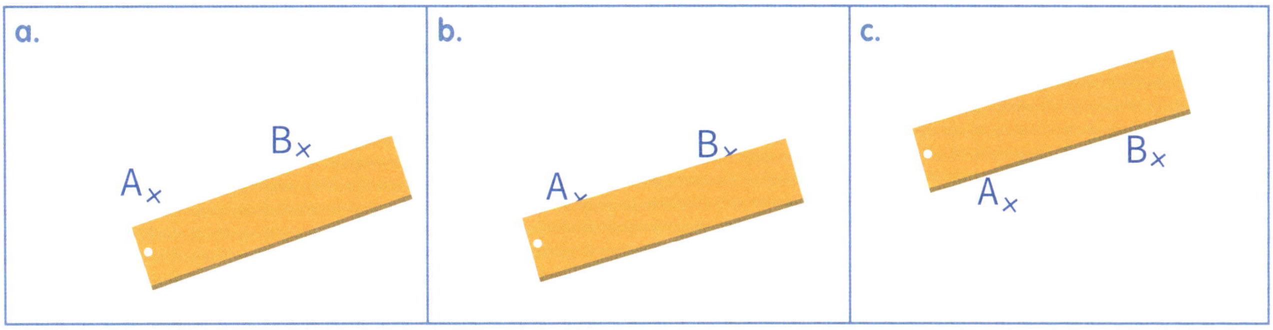

2 Trace les barreaux de l'échelle.

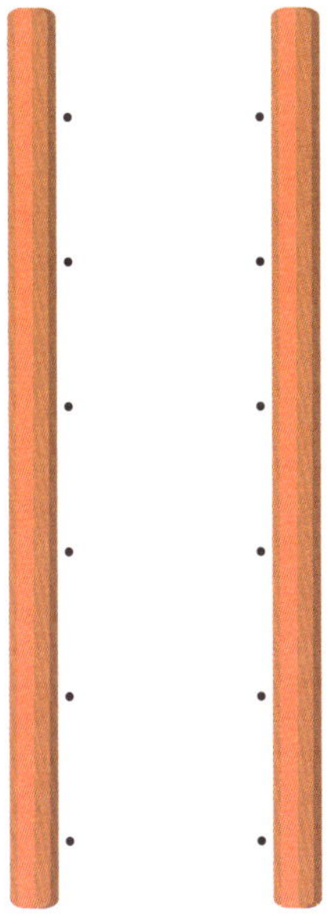

3 Avec ta règle, relie les points dans l'ordre alphabétique pour découvrir le dessin caché.

La règle sert aussi à vérifier si des points sont alignés (c'est-à-dire s'ils sont situés sur la même droite).

DÉFI

Continue la frise en suivant le modèle, puis colorie-la.

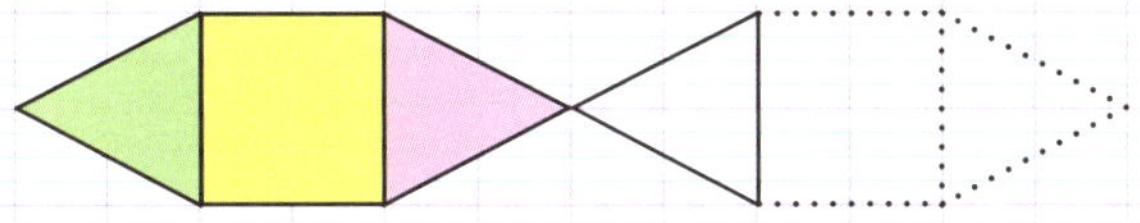

Compter de 2 en 2, de 3 en 3, de 5 en 5, de 10 en 10

JE RETIENS

Les chiffres 0, 2, 4, 6 et 8 ainsi que tous les nombres qui se terminent par ces chiffres sont appelés les **nombres pairs** : on peut les partager en deux parties égales.
Les **nombres impairs** se terminent par 1, 3, 5, 7, 9 : on ne peut pas les partager en deux parties égales. Lorsque tu comptes de 5 en 5, tous les nombres se terminent par un 0 ou un 5.

5	6	7	8	9	**10**	11	12	13	14	**15**	16	17	18	19	**20**
21	22	23	24	**25**	26	27	28	29	**30**	31	32	33	34	35	36
37	38	39	40	41	42	43	44	45	46	47	48	49	50		

1 Aide Judith et Lila à retrouver la sortie du labyrinthe. Colorie en **bleu** le chemin de **Judith** en comptant de **5 en 5**, et en **vert** le chemin de **Lila** qui va de **10 en 10**.

5	10	20	10	20	35	25
20	15	20	25	30	40	70
30	25	20	30	35	50	55
35	22	40	35	60	60	20
40	24	45	36	80	70	10
45	55	50	65	90	75	45
32	60	60	28	100	50	42

2 Pour franchir la rivière, Lila doit sauter sur les rochers. Colorie son chemin, en comptant de 2 en 2.

3 Relie les nombres pairs pour voir le dessin apparaître. Tu peux le colorier.

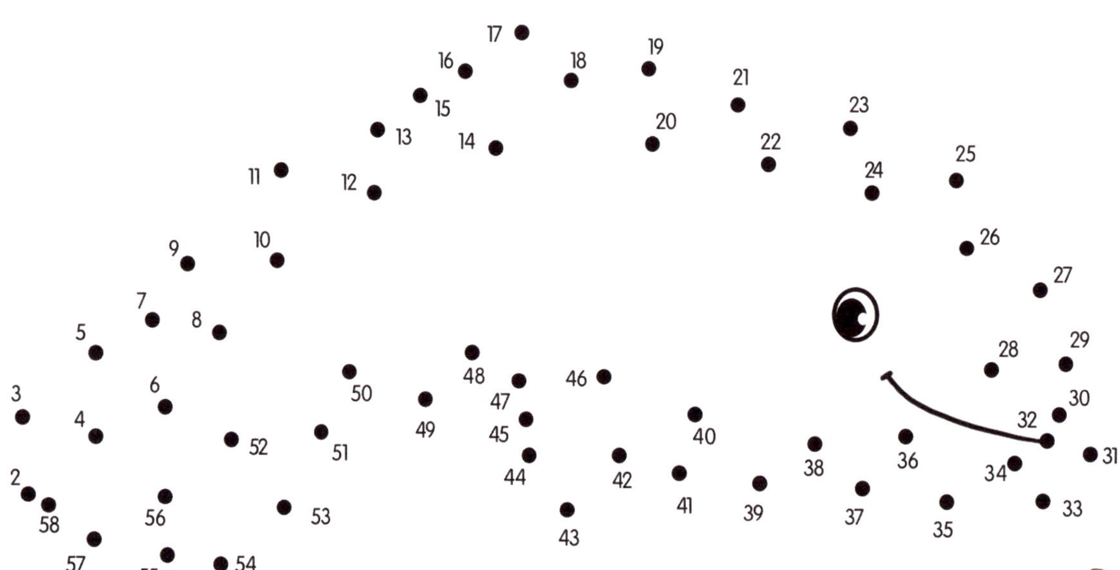

Pour relier les nombres pairs, tu dois compter de 2 en 2, en partant du 2.

Se repérer dans la semaine

1 Complète cette frise en écrivant les jours de la semaine dans l'ordre, puis réponds aux questions.

lundi
....
....
....
....
....
....

a. Combien y a-t-il de jours dans une semaine ? → ....

b. Colorie en bleu les jours du week-end.

2 Complète ce tableau.

Hier	Aujourd'hui	Demain
....	samedi	....
....	....	jeudi
mercredi	....	....

3 Complète les phrases.

a. Le lendemain de mercredi, c'est ....

b. La veille de lundi, c'est ....

c. Le lendemain de dimanche, c'est ....

d. La veille de mardi, c'est ....

e. Le lendemain de jeudi, c'est ....

f. La veille de vendredi, c'est ....

La veille, c'est un jour avant ;
le lendemain, c'est un jour après.

DÉFI Trouve la lettre manquante.

L M M J V S → ....

Lire des informations

1 Voici l'emploi du temps des activités de Léo. Observe-le bien et réponds aux questions.

	lundi	mardi	mercredi	jeudi	vendredi	samedi
sport	✓		✓			✓
musique			✓		✓	
bibliothèque	✓	✓		✓		✓

a. **Quels jours Léo va-t-il à la musique?** ....

b. **Combien de fois par semaine va-t-il au sport?** ....

c. **Quels jours Léo fait-il deux activités?** ....

2 Nina, Léo et leurs amis Léna et Milo sont allés à la bibliothèque. Ils ont emprunté des livres.
Colorie en **bleu** la pile de **Nina**, en **vert** celle de **Léo**, en **rouge** celle de **Léna** et en **violet** celle de **Milo**, puis réponds aux questions.

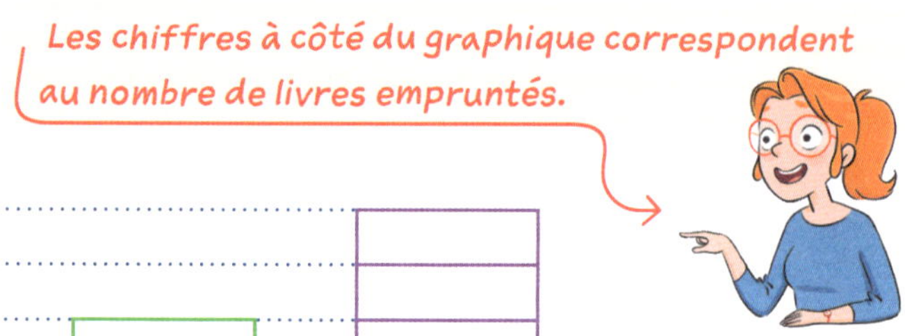

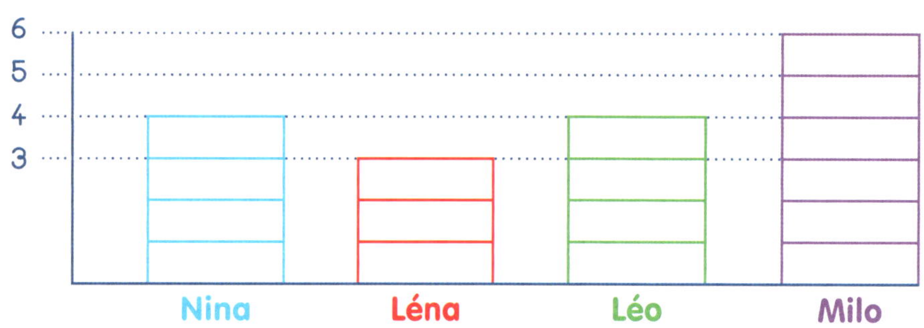

a. **Qui a emprunté le plus de livres?** ....

b. **Qui a emprunté le moins de livres?** ....

3 Les enfants se sont déguisés. Grâce aux informations du tableau, colorie leur costume de la bonne couleur.

	Nina	Léo
Chapeau noir	✓	
Épée grise	✓	✓
Pantalon noir		✓
Chemise rouge	✓	
Heaume de chevalier gris		✓
Veste bleue		✓
Pantalon gris	✓	

Poser une addition

JE RETIENS

Pour poser une **addition**, il faut respecter l'alignement des chiffres. Les unités doivent être placées sous les unités, les dizaines sous les dizaines. S'il n'y a pas de dizaines, tu peux écrire un zéro.

Exemple :

	d	u
	2	5
+	0	3
=	2	8

1 Pose et effectue ces opérations correspondant aux groupements de cubes.

a. 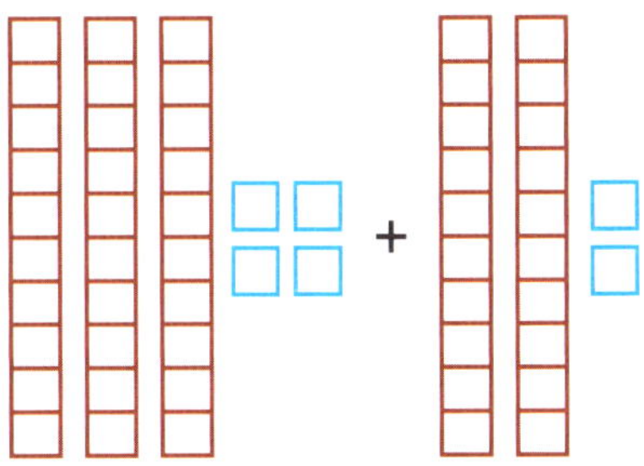

	dizaines	unités
+		
=		

b. 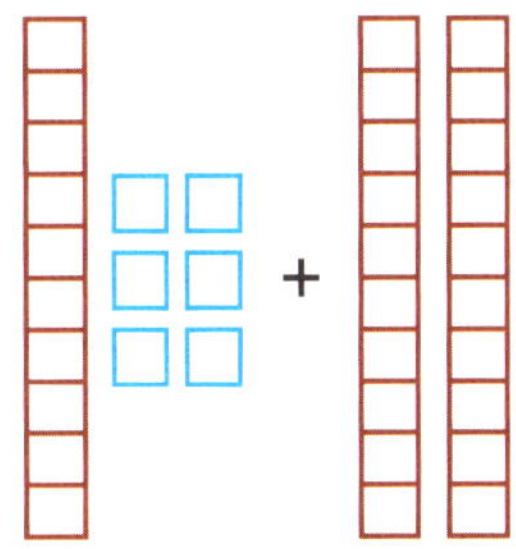

	dizaines	unités
+		
=		

c. 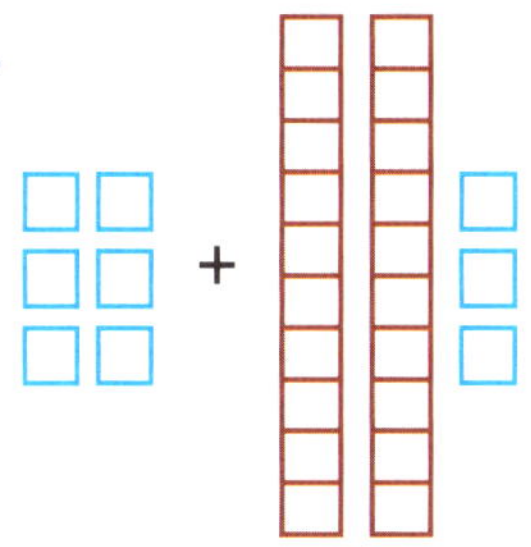

	dizaines	unités
+		
=		

On commence par additionner les unités avec les unités, puis les dizaines avec les dizaines.

2 Pour ouvrir le coffre à jouets, Zoé doit utiliser la bonne clé parmi les 3. Trouve le chiffre qui manque à chacune des additions. Mis côte à côte, ils forment le code de la clé ! Entoure-la.

	dizaines	unités
	3	1
+	.	3
=	7	.

Il manque le chiffre ....

	dizaines	unités
	2	.
+	.	5
=	3	6

Il manque le chiffre ....

	dizaines	unités
	5	.
+	.	.
=	7	4

Il manque le chiffre ....

La bonne clé est de couleur ....

DÉFI

Relèveras-tu le défi ?

Déplace une seule allumette pour que l'opération soit correcte.

Poser une soustraction

JE RETIENS

Pour poser une **soustraction**, il faut toujours mettre le plus grand nombre en haut. Comme pour l'addition, il faut respecter l'alignement des chiffres et commencer par soustraire les unités, puis les dizaines.

Exemple :

	d	u
	2	5
–	0	3
=	2	2

1 Pose et effectue ces opérations correspondant aux groupements de cubes.

a.

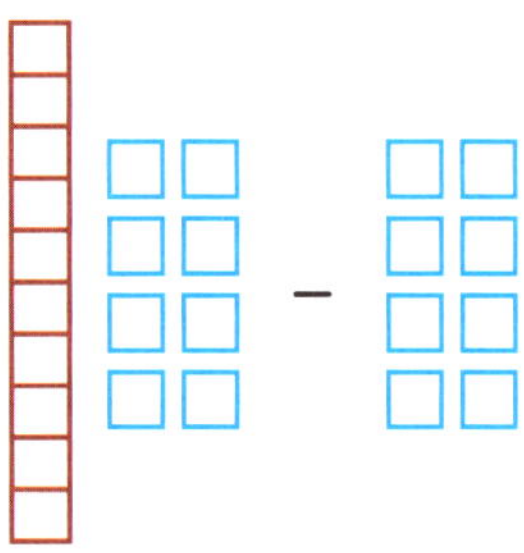

	dizaines	unités
–		
=		

b.

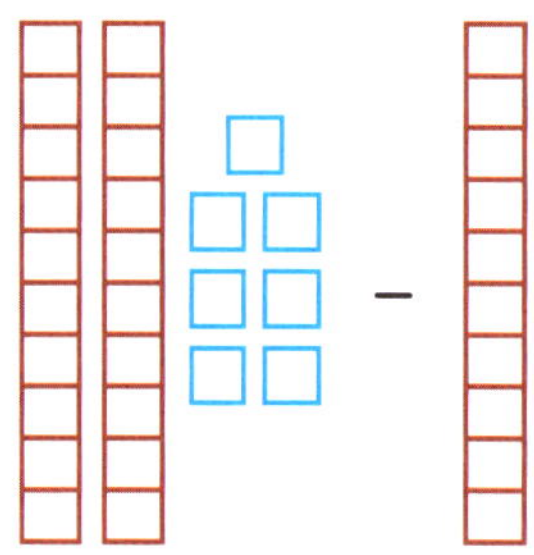

	dizaines	unités
–		
=		

c.

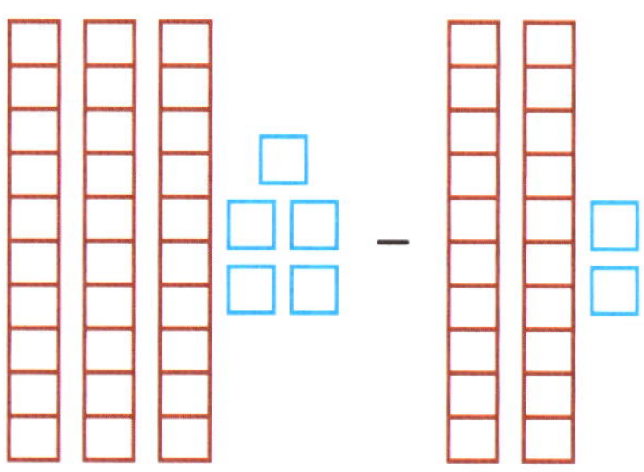

	dizaines	unités
–		
=		

Le résultat d'une soustraction est toujours inférieur au premier nombre de l'opération.

2 Trouve la soustraction que Yasmina a posée pour résoudre cette opération : 48 – 7.

	d	u
		7
–	4	8
=	4	1

	d	u
	4	8
–		7
=	4	1

	d	u
	4	8
–	7	
=	4	1

Deux de ces trois soustractions sont mal posées. Souviens-toi des règles : alignement des nombres, ordre de placement sur les lignes, etc.

Comprendre l'énoncé d'un problème

JE RETIENS

Pour résoudre un **problème**, il faut commencer par comprendre son énoncé !

Voici les étapes à suivre :

- Analyser : lire le problème plusieurs fois pour être certain(e) de comprendre l'histoire et transformer la question en phrase de réponse.
- Illustrer : surligner les mots et les nombres utiles, et faire un schéma.
- Résoudre : faire le calcul et compléter la phrase réponse avec le résultat trouvé.

1 Coche la question qui correspond à chaque énoncé.

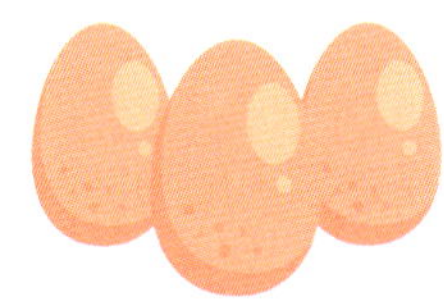

a. Dans une boîte de 12 œufs, 6 emplacements sont occupés.

- ☐ Combien la poule a-t-elle pondu d'œufs ?
- ☐ Combien y a-t-il d'emplacements vides ?

b. Mathis collectionne les cartes avec les joueurs de hockey : il en a 80. Il en donne 20 à Robin.

- ☐ Combien Jean a-t-il de cartes ?
- ☐ Combien de cartes reste-t-il à Mathis ?

2 Complète ces additions.

a.  2 + 2 = ... Il y a .... champignons.

b.  4 + 3 = ... Il y a .... champignons.

3 Résous ces problèmes.

a. Hannah a installé 1 bougie sur un gâteau d'anniversaire. Emeline ajoute 2 autres bougies.
Combien y a-t-il de bougies en tout ?

1 + ... = ... Il y a .... bougies en tout.

b. Devant le magasin, 2 voitures sont déjà garées. 3 autres voitures viennent se garer.
Combien y a-t-il de voitures garées en tout ?

2 + ... = ... Il y a .... voitures garées en tout.

c. Pour la rentrée, Amina a acheté une gomme à 2 €, un cahier de texte à 4 €, et un crayon à 1 €.
Combien va-t-elle payer en tout ?

2 + ... + ... = ... Elle va payer .... € en tout.

DÉFI

Sauras-tu résoudre cette énigme ?

Une girafe part boire à la rivière. En chemin, elle croise 2 rhinocéros, 3 singes et 5 suricates. Combien d'animaux vont boire à la rivière ?

→ ....

Évaluation

1 Sarah et Adrien sont allés cueillir des cerises. Ils les partagent. Dessine les cerises dans leurs paniers pour qu'ils en aient chacun la moitié.

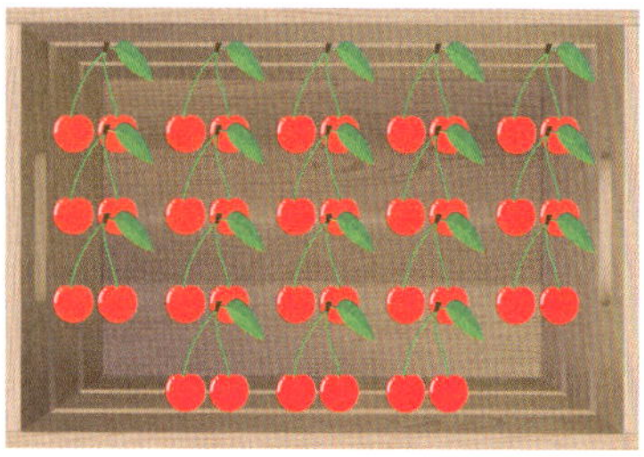

Sarah

Adrien

2 Sarah et Adrien font la course sur la piste. Sarah décide de sauter les cases de 2 en 2. Colorie les cases où elle arrive en **bleu**. Adrien décide de sauter de 3 en 3. Colorie les cases où il arrive en **vert**. Puis réponds aux questions.

1	2	3	4	5	6	7	8	9	10	11	12	13	14	15	16	17	18	19	20

a. Combien de sauts Sarah a-t-elle faits pour arriver sur la case 18 ? ....

b. Combien de sauts Adrien a-t-il faits pour arriver sur la case 18 ? ....

c. Qui est arrivé en premier sur la case 18 ? C'est .... qui est arrivé en premier, car .... a fait moins de sauts.

3 Résous ces opérations.

a.

$$\begin{array}{rr} & 5\ 8 \\ - & 2\ 1 \\ \hline = & .\ . \end{array}$$

b.

$$\begin{array}{rr} & 4\ 6 \\ - & 3\ 3 \\ \hline = & .\ . \end{array}$$

4 Lis les informations sur l'emploi du temps d'Angèle. Mets une croix dans la bonne case du tableau en fonction des indications.

Angèle a lecture tous les jours.
Elle a musique le mardi.
Elle a EPS le lundi et le jeudi.

	lundi	mardi	jeudi	vendredi
Lecture				
Musique				
EPS				

5 Coche la question qui correspond à chaque énoncé.

a. La petite sœur de Léa a 4 ans. Léa a 5 ans de plus qu'elle.

☐ En quelle année la petite sœur de Léa est-elle née ?

☐ Quel est l'âge de Léa ?

b. Monsieur Dugrain veut acheter de l'huile à 9 € et une boîte d'œufs. Il paye le tout 16 €.

☐ Combien coûte la boîte d'œufs ?

☐ Combien la caissière va-t-elle lui rendre ?

6 Résous ce problème.

Santiago a 11 billes. Tatiana en a 7 de plus que lui.
Combien Tatiana a-t-elle de billes ?

Tu peux faire un schéma ou poser ton calcul dans ce cadre.

11 + ... = ...

Tatiana a .... billes.

TOP CHRONO !

Calcule le plus vite possible.

24 + 2 = ...	88 + 2 = ...
65 + 5 = ...	80 + 5 = ...
22 + 22 = ...	13 + 13 = ...
28 – 14 = ...	24 – 12 = ...
15 + 8 = ...	12 + 9 = ...
44 – 5 = ...	70 – 50 = ...

Reconnaître un alignement de points

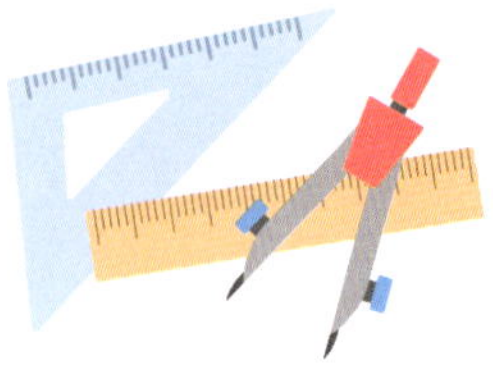

JE RETIENS

Trois points (ou plus) sont alignés quand on peut les relier avec une règle en ligne droite.

Exemple :

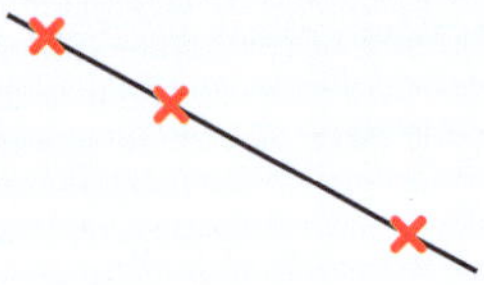

Ces points sont alignés.

Ces points ne sont pas alignés.

1 Pour rejoindre la maison de Yasmina, Victor doit suivre les arbres alignés. Trace son chemin.

2 Relie les six nuages qui sont alignés pour connaître la destination de cet avion.

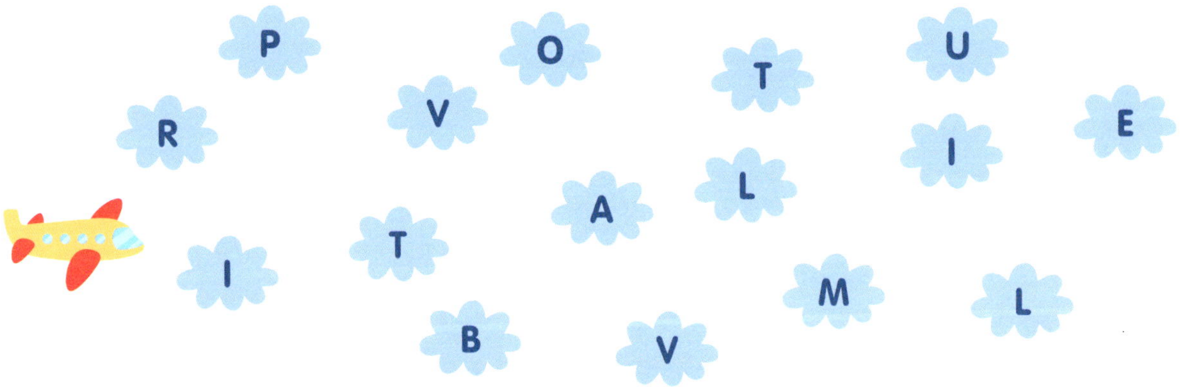

L'avion va en ……………………….

3 Dessine 4 croix alignées avec les deux étoiles.

Aligne ta règle sur les deux étoiles et fais des points aux endroits où tu veux placer tes étoiles. Retire ensuite ta règle et dessine-les autour de ces marques !

Résoudre des problèmes (1)

1 Résous ces problèmes à l'aide de l'addition.

Tu peux faire un schéma ou poser ton opération dans les cadres.

a. Sur un parking, il y a 12 places occupées par des voitures et 6 places libres. Combien y a-t-il de places, en tout, sur ce parking ?

En tout, sur ce parking, il y a .... places.

b. Sur la plage, Alix ramasse 6 coquillages, et Noa en ramasse 3. Combien ont-ils ramassé de coquillages ensemble ?

Ensemble, ils ont ramassé .... coquillages.

c. Pour son anniversaire, Théo reçoit 30 € de ses grands-parents, et 50 € de ses parents. Combien a-t-il reçu d'argent en tout pour son anniversaire ?

Il a reçu .... € en tout pour son anniversaire.

2 Résous ces problèmes à l'aide de la soustraction.

a. Céline veut faire un puzzle de 100 pièces. Elle a déjà réussi à en placer 40. Combien de pièces lui reste-t-il à placer ?

Il lui reste .... pièces à placer.

b. Dans le parc près de chez Zara, il y a 30 arbres. 15 de ces arbres sont des chênes, les autres sont des bouleaux. Combien y a-t-il de bouleaux dans le parc ?

Il y a .... bouleaux dans le parc.

DÉFI

Sauras-tu résoudre cette énigme ?

Si  +  **= 6** **Et**  +  **= 10**

 +  = ...

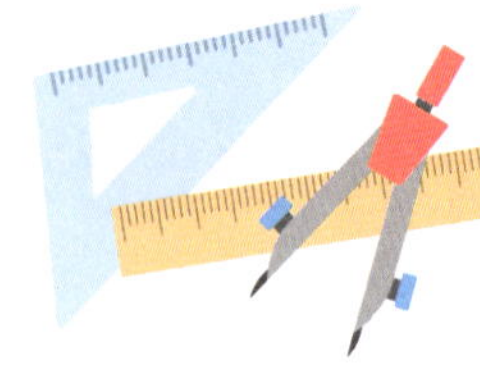

Identifier un angle droit

JE RETIENS

Pour vérifier si un angle est droit, il faut utiliser une équerre.
Si l'angle mesuré et le coin de l'équerre se superposent exactement, alors l'angle est droit. Le symbole pour marquer un angle droit est un carré rouge.

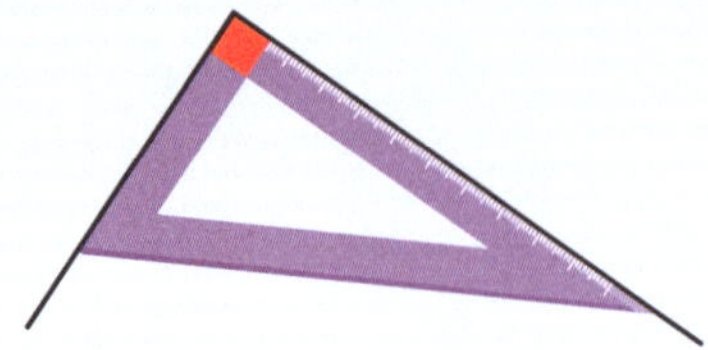

1 Barre l'image lorsque l'angle n'est pas droit.

a. 

b. 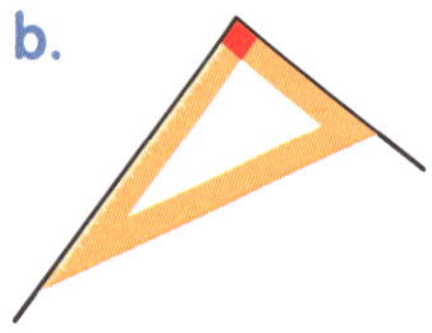

c. 

d. 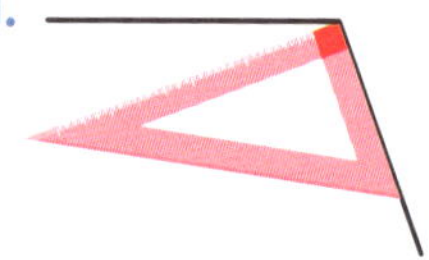

e. 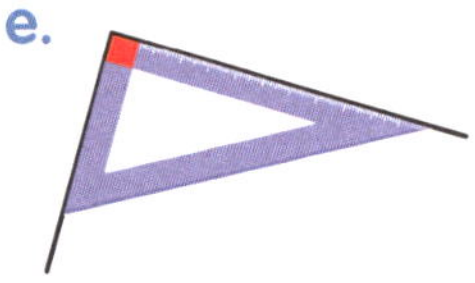

2 Utilise ton équerre pour retrouver les angles droits de ce dessin.

3 Dessine des angles droits avec ta règle en reliant les points sur le quadrillage.

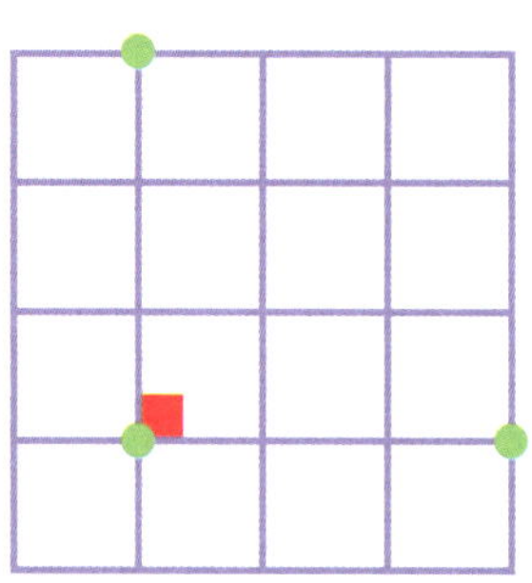

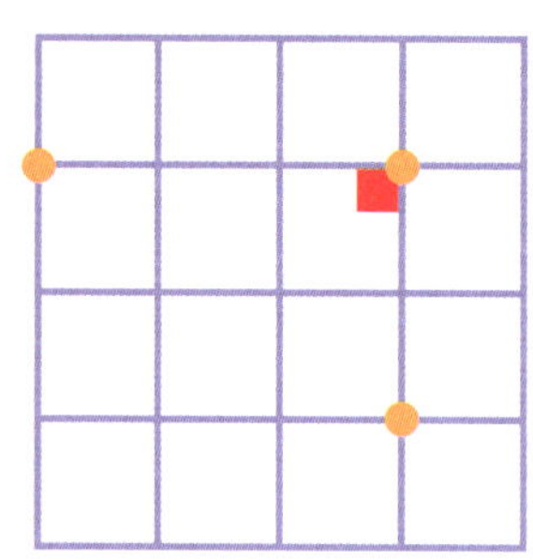

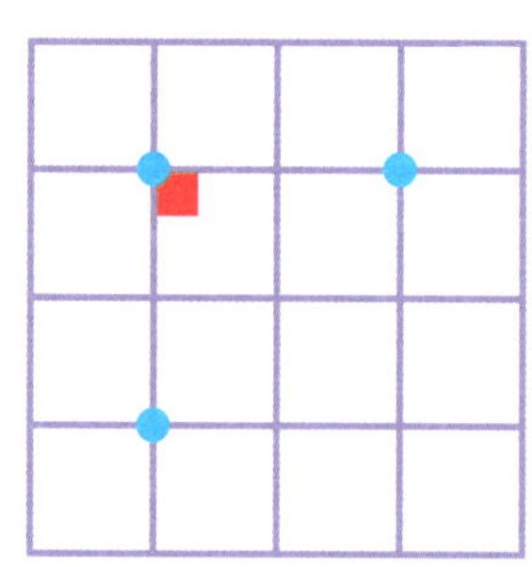

4 Poursuis la frise.

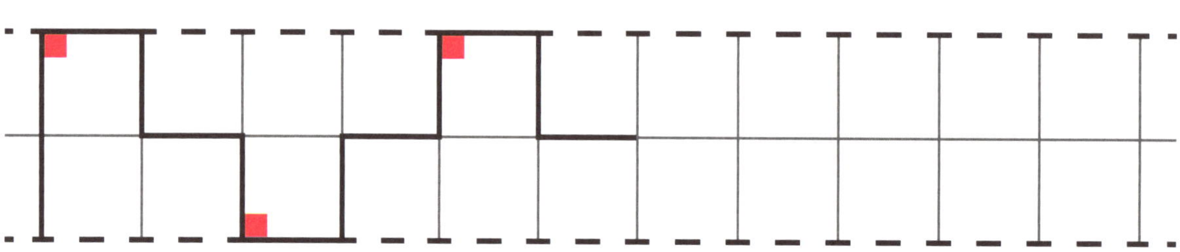

Introduction à la multiplication

JE RETIENS

Lorsque tu additionnes plusieurs fois le même nombre,
tu peux utiliser la multiplication. Elle s'écrit avec le signe « × ».
Exemple : J'ai gagné 2 billes, puis 2 billes et encore 2 billes.
J'ai donc gagné 3 fois 2 billes, soit 6 billes.
Je peux l'écrire 2 + 2 + 2 = 6 mais aussi 2 × 3 = 6.

1 Écris sous la forme d'une multiplication :

a. 

.... × .... = ...

b. 

.... × .... = ...

Commence par écrire le nombre d'éléments par groupe, puis le nombre de groupes.

2 Coche l'opération qui correspond aux regroupements.

a. 

☐ 5 × 3 ☐ 4 × 6 ☐ 4 × 2

b. 

☐ 7 × 5 ☐ 7 × 4 ☐ 6 × 5

3 Colorie de la même couleur les opérations qui correspondent, ainsi que leur résultat !

	2 + 2 + 2 + 2 + 2 + 2 + 2 + 2	6 × 4	12
	3 + 3 + 3 + 3	2 × 8	16
	6 + 6 + 6 + 6	3 × 4	24

DÉFI

Sauras-tu résoudre cette énigme ?

Combien y avait-il de carreaux en tout dans cette tablette de chocolat avant qu'elle ne soit grignotée ?

→ ....

Les formes géométriques planes (1)

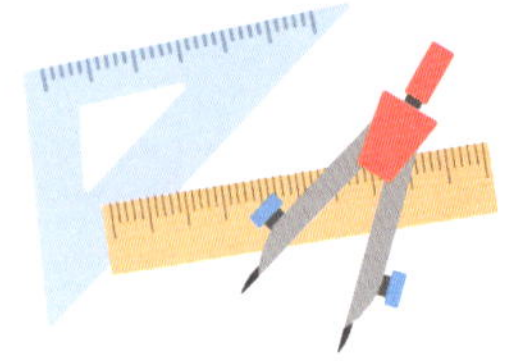

JE RETIENS

Il existe plusieurs types de formes géométriques.

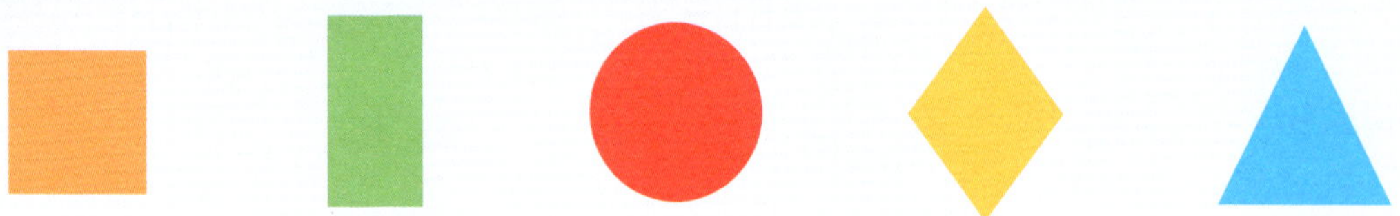

CARRÉ RECTANGLE CERCLE LOSANGE TRIANGLE

1 Compte le nombre de triangles et de carrés sur cette image.

2 Retrouve l'assemblage qui te permettra de réaliser cette construction.

3 Reproduis les formes géométriques sur le papier pointé, et colorie-les.

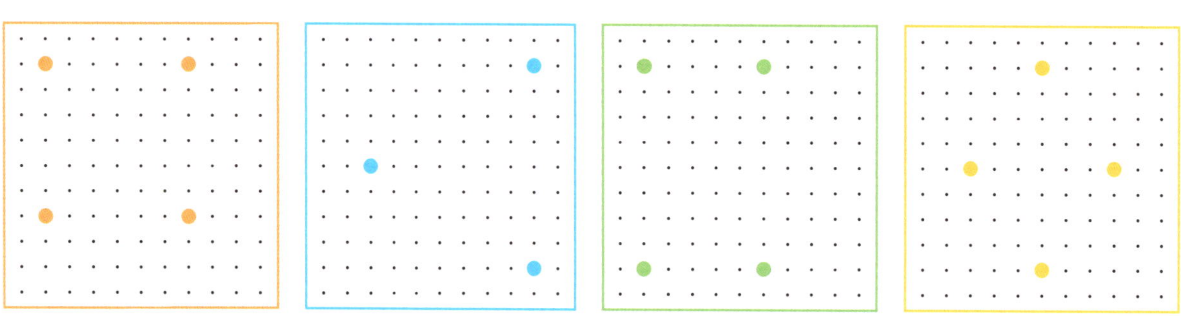

CARRÉ TRIANGLE RECTANGLE LOSANGE

Résoudre des problèmes (2)

1 Résous ces problèmes à l'aide de l'addition.

À toi d'écrire les phrases de réponse ! Pour cela, réutilise les mots de la question.

a. Pig a mangé 10 pommes et Pog en a mangé 8.
Combien ont-ils mangé de pommes à eux deux ?

b. Jules se trouve sur la case 56, et il doit avancer de 11 cases.
Sur quelle case arrive-t-il ?

c. Pour partir à la piscine, 15 filles et 14 garçons montent dans le bus.
Combien d'enfants sont montés dans le bus ?

2 Résous ces problèmes à l'aide de la soustraction.

a. Une grand-mère a 8 tablettes de chocolat dans son placard. Elle en utilise 3 pour faire un gâteau. Combien de tablettes lui reste-t-il ?

b. Lina a emprunté 12 livres à la bibliothèque. Elle en rend 6.
Combien de livres doit-elle encore rendre ?

DÉFI

Noémie a marqué 19 points avec trois flèches. Où les a-t-elle placées ?

→ ....

Les solides (1)

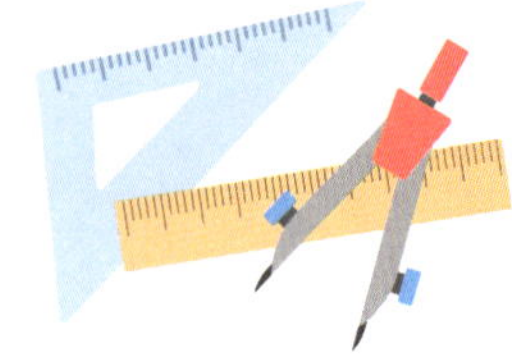

JE RETIENS

En géométrie, un solide est un objet en trois dimensions (qui n'est pas plat), et que tu peux tenir dans ta main.

PAVÉ DROIT | CUBE | CYLINDRE | CÔNE | BOULE | PYRAMIDE

1 Colorie en **bleu** les cubes et en **jaune** les pavés droits.

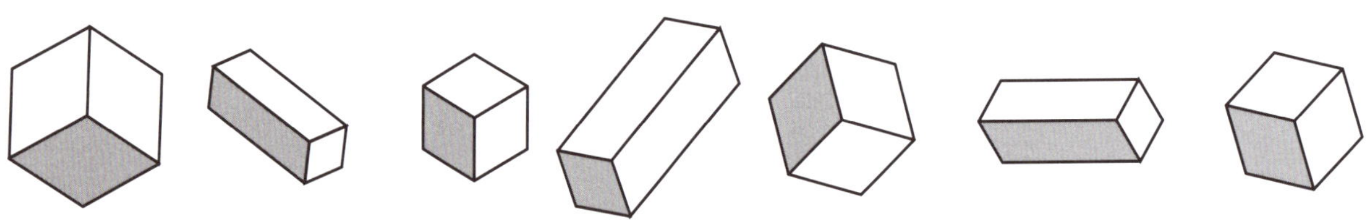

2 Relie chaque objet au solide dont il est le plus proche.

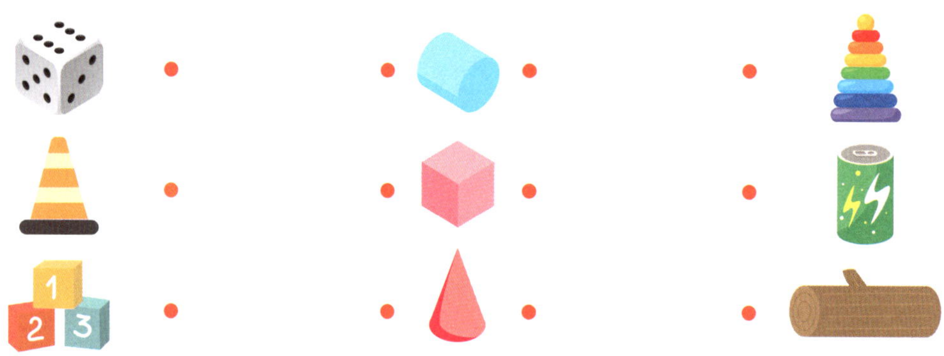

Tu peux faire le même exercice avec les objets qui sont autour de toi !

3 Colorie de la même couleur chaque solide et son empreinte.

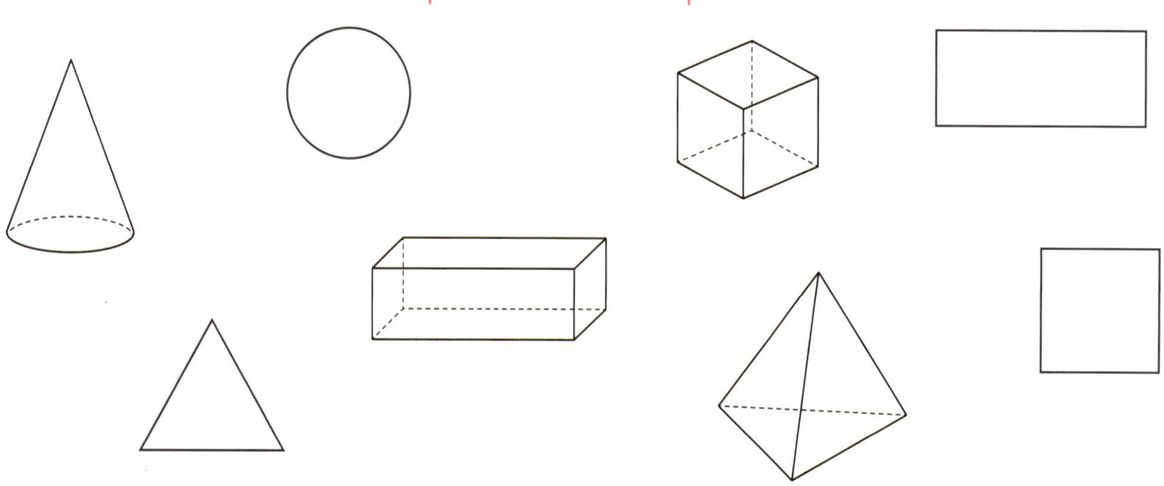

Tracer et reproduire des figures à la règle

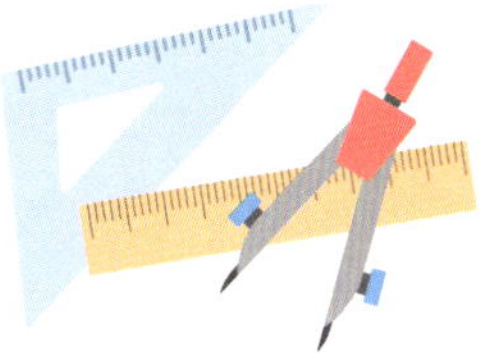

1 Complète les dents de chaque peigne à l'aide de ta règle.

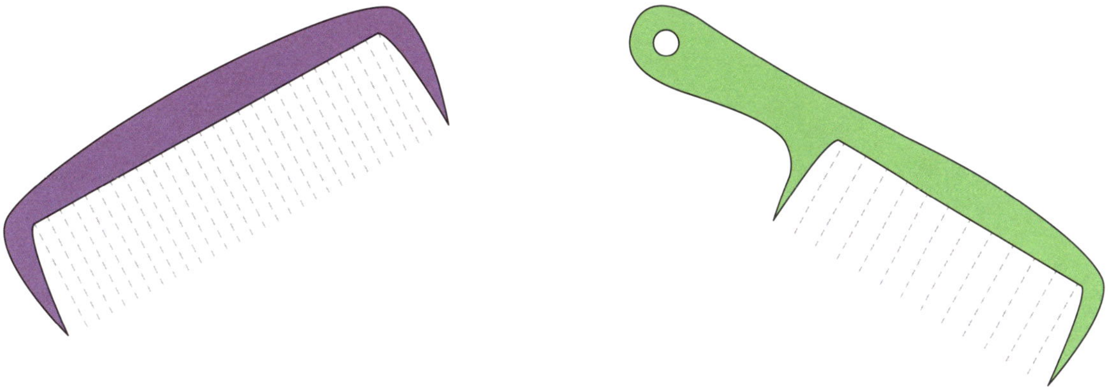

2 Complète le dessin à l'aide de ta règle, et colorie-le.

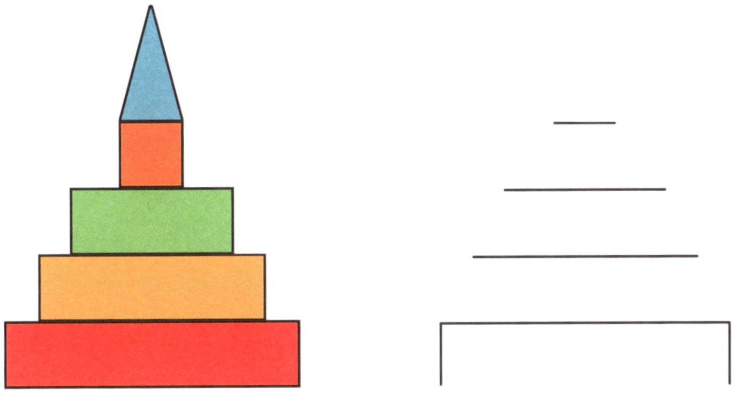

Avant de faire un trait, vérifie que ton crayon est bien taillé et que ta règle est alignée avec les points que tu veux relier.

3 Reproduis cette figure à l'aide de ta règle.

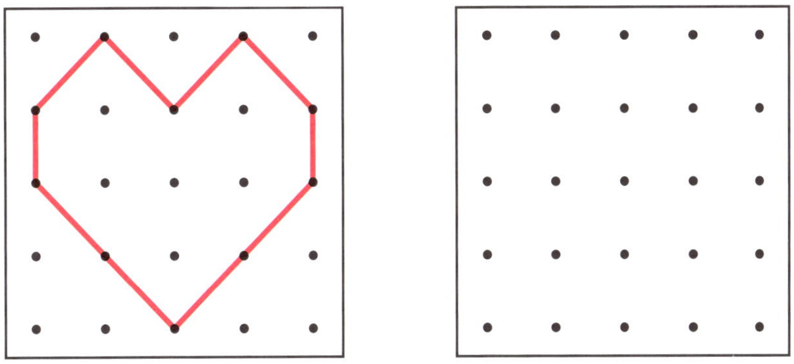

DÉFI

Poursuis la frise et colorie-la.

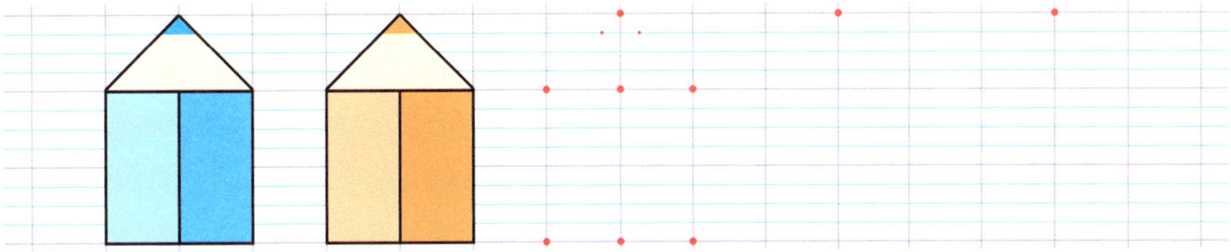

Évaluation

1 Trace les 3 droites qui passent par un alignement de 3 points comme dans l'exemple.
Attention, un point peut servir plusieurs fois !

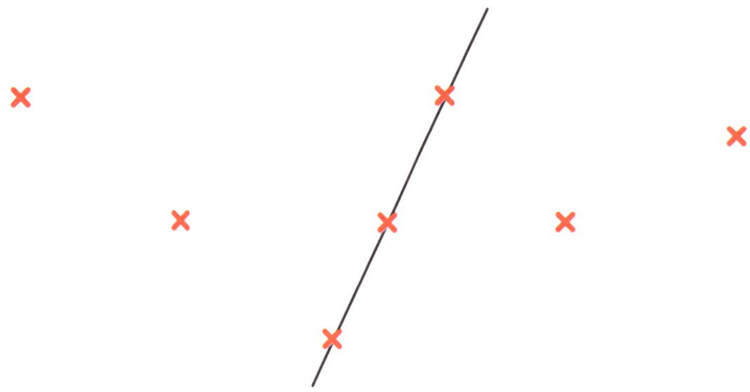

2 Indique les angles droits que tu vois sur chaque figure.

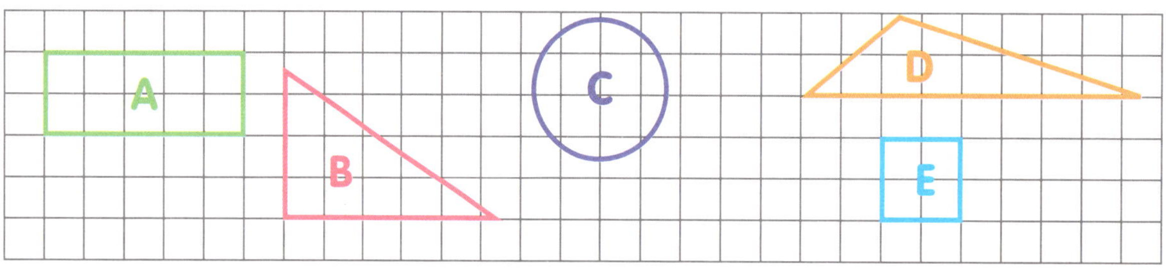

3 Donne le nom de chacune des formes de l'exercice 2.

A : c'est un .... B : c'est un .... C : c'est un ....

D : c'est un .... E : c'est un ....

Tu peux t'aider du mémo de la **page 52** !

4 Colorie l'empreinte de la même couleur que son solide.

20/20

5 Relie chaque dessin à l'opération qui lui correspond, et écris le résultat.

1 × 5 = ...

3 × 3 = ...

6 × 2 = ...

6 Résous ce problème.

Dans la classe des CP, il y a 28 élèves. 12 sont des garçons.

Combien y a-t-il de filles dans cette classe ?

Pour résoudre ce problème, tu auras besoin de la soustraction.

Il y a .... filles dans cette classe.

Le calcul mental te permet d'améliorer ta mémoire et ta concentration.

TOP CHRONO !

Calcule le plus vite possible.

16 + 12 = ...	17 + 22 = ...
24 – 13 = ...	29 – 21 = ...
2 + 5 + 1 = ...	4 + 0 + 4 = ...
1 + 2 + 4 = ...	4 + 1 + 4 = ...
30 + 30 = ...	40 + 40 = ...
50 – 25 = ...	60 – 30 = ...

Les mesures de longueur

1 Dans chaque groupe, colorie l'objet le **plus long** en **rouge**, et l'objet le **plus court** en **vert**.

a.

b.

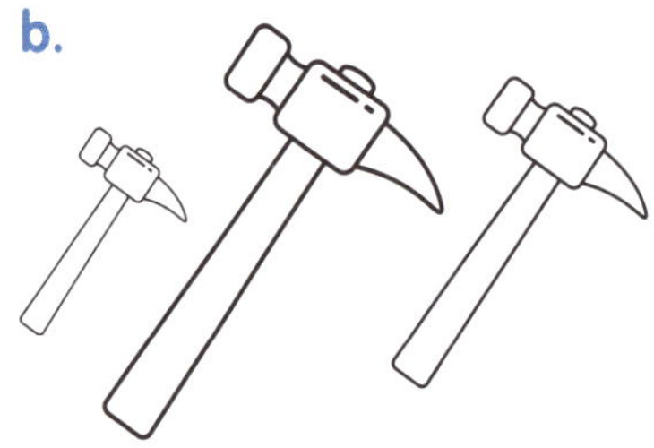

c.

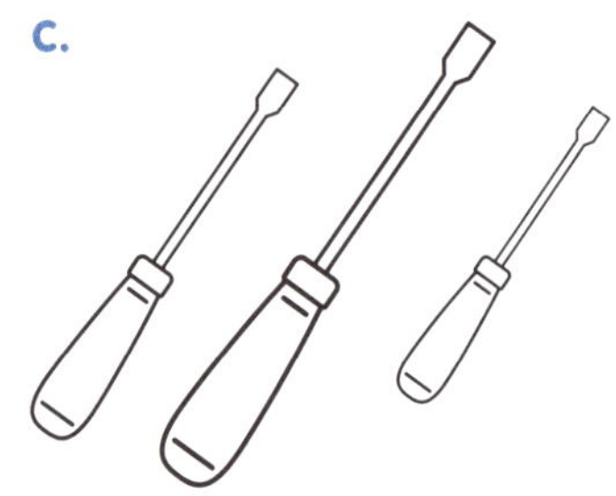

2 Entoure les objets plus longs que le stylo.

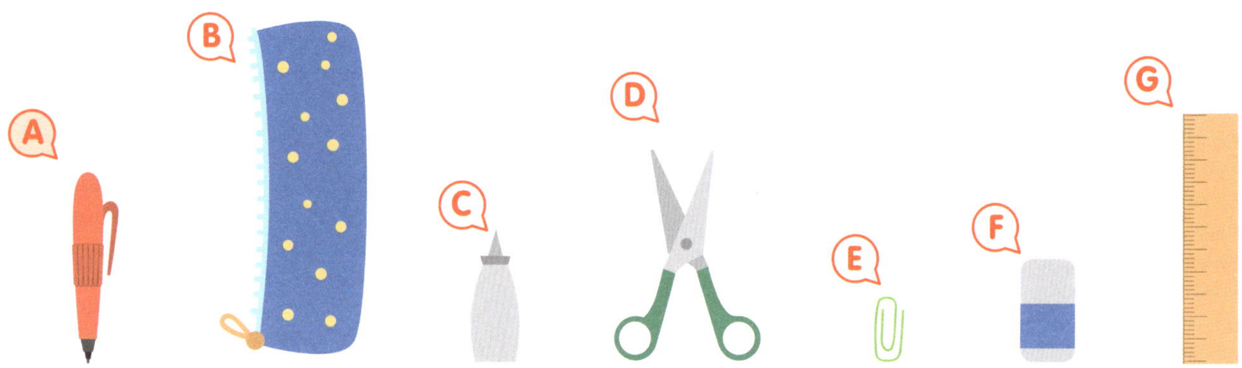

3 Classe les objets ci-dessus du plus court au plus long.

◯ < ◯ < ◯ < A < ◯ < ◯ < ◯

4 Mesure les deux segments avec ta règle et complète chaque réponse. Puis trace un segment plus long que le rouge et plus court que le violet.

Le segment **rouge** mesure .... centimètres.

Le segment **violet** mesure .... centimètres.

Aligne ta règle sur le trait, en plaçant le 0 au début du segment.

Trace ici ton segment. ⟶ ×

Les formes géométriques planes (2)

1 Donne vie à ce chameau à l'aide des triangles à découper en ***page 55*** !

Positionne tous les triangles correctement sur le dessin avant de les coller !

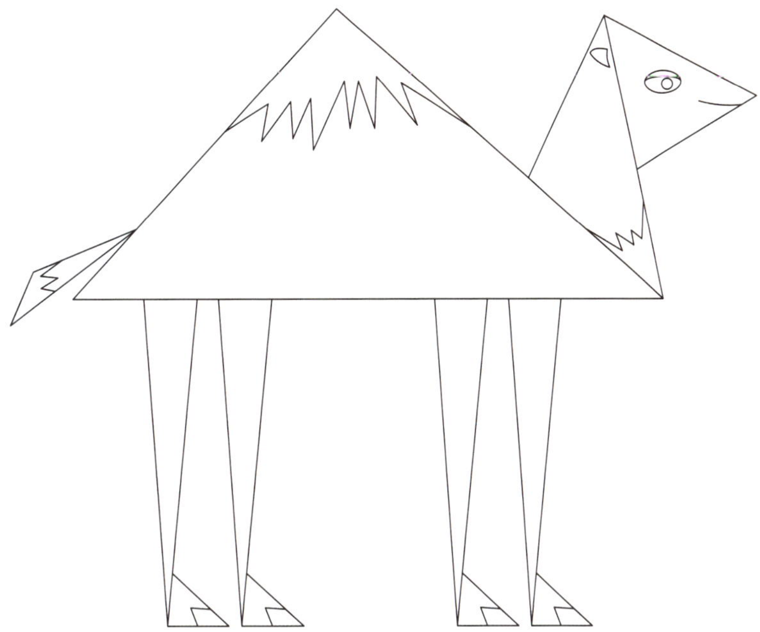

2 Aide ce bateau à prendre la mer en collant les formes à découper en ***page 55*** !

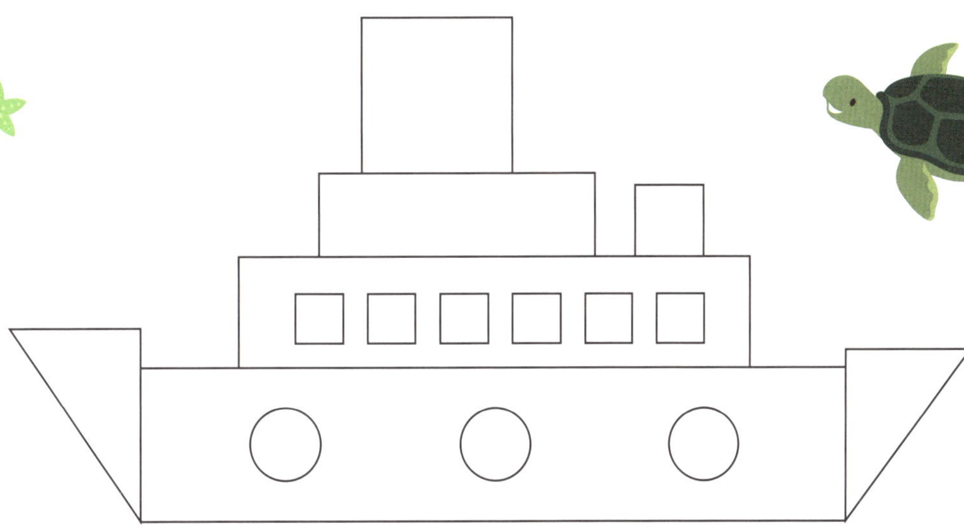

DÉFI

Quelles figures géométriques reconnais-tu dans ces dessins ?

→ ....

→ ....

→ ....

→ ....

Les mesures de masse

JE RETIENS

Pour peser un objet, une personne, on utilise une balance.
Sur cette balance, on peut lire la **masse** de l'objet ou de la personne.

Exemple : Amélie pèse 18 kilogrammes (cela s'écrit kg).

On peut aussi comparer des masses.

6 pommes sont plus lourdes que 3 pommes (ou 3 pommes sont plus légères que 6 pommes).

1 Dans chaque paire, entoure en **rouge** l'objet le plus lourd.

a. 

b. 

c. 

d. 

2 Barre l'expression qui ne convient pas.

a. Le stylo est **plus lourd/plus léger** que le globe terrestre.

b. Le sac à dos est **plus lourd/plus léger** que les lunettes.

c. La règle est **plus lourde/plus légère** que le bus.

d. Le tableau est **plus lourd/plus léger** que le trombone.

3 Pour chaque pesée, colorie le ballon le plus léger.

a. 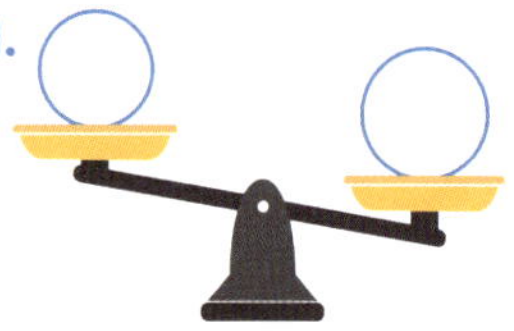

b. 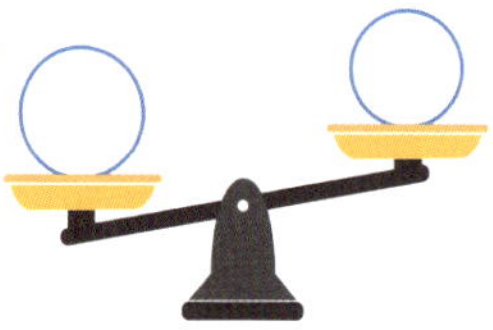

c. 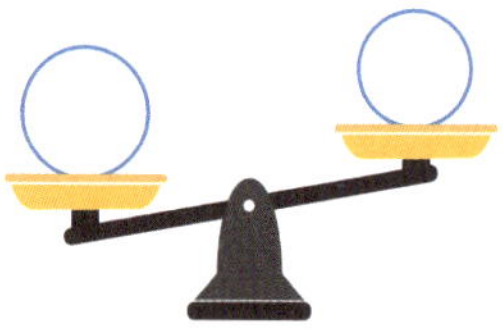

d. 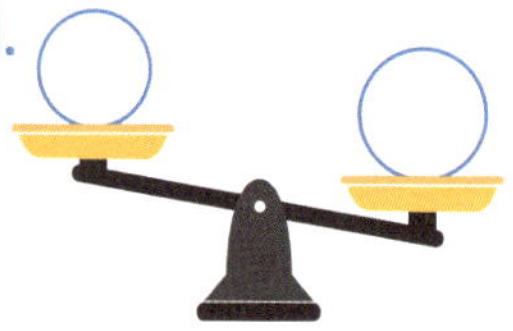

4 Trouve la masse de la poule.

Tu vas devoir effectuer une addition, puis une soustraction.

Résoudre des opérations

1 Résous ces opérations.

On commence par additionner les unités avec les unités, puis les dizaines avec les dizaines.

a.

	5	6
+	1	3
=		

b.

	1	7
+	5	2
=		

c.

	8	1
+	1	8
=		

d.

	4	5
+	3	3
=		

e.

	6	2
+	2	7
=		

f.

	9	5
−	4	3
=		

g.

	2	3
−	1	3
=		

h.

	6	1
−	6	0
=		

i.

	8	4
−	6	3
=		

Le résultat d'une soustraction doit toujours être inférieur au premier nombre de l'opération.

DÉFI

Observe cette liste et trouve le chiffre manquant.

QUATRE
TROIS
NEUF
SIX

→ ....

La monnaie

JE RETIENS

1 euro 2 euros 5 euros 10 euros 20 euros

Le symbole pour les euros est €.

*Tu peux utiliser le matériel de la **page 57**.*

1 Compte combien Eva et Jeanne ont d'économies.

a. **Eva**  Eva a .... euros.

b. **Jeanne**  Jeanne a .... euros.

2 Ajoute dans les porte-monnaie les pièces ou billets nécessaires à l'achat de chaque jouet.

a. 

b. 

3 Voici des jouets dans la vitrine d'un magasin. Dessine pour chacun les pièces et les billets nécessaires pour les acheter. Utilise le moins de pièces possible.

a. 

b. 

c. 

4 Eva achète un livre qui coûte 12 euros.
Colorie la bonne case et complète la phrase.

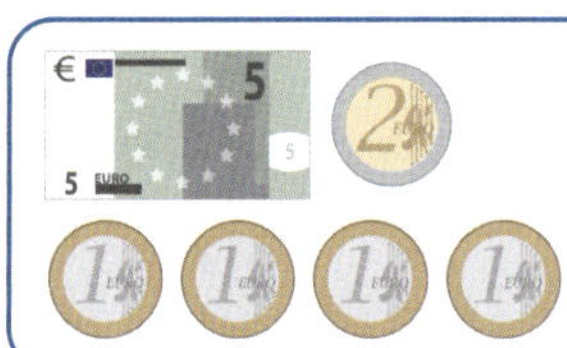

Eva [a / n'a pas] assez d'argent. Il lui reste [reste / manque] .... euros.

Les solides (2)

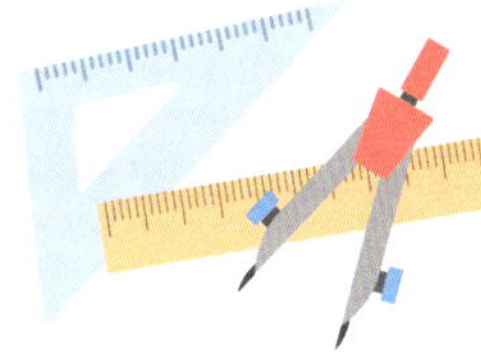

1 Entoure en **bleu** les solides et en **vert** les formes planes.

2 Relie chaque solide à son nom.

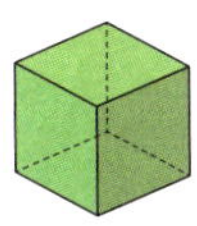 •   • pyramide

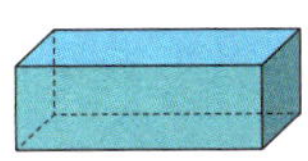 •   • cube

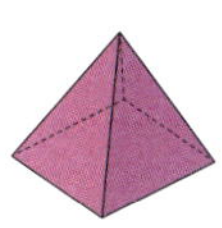 •   • pavé droit

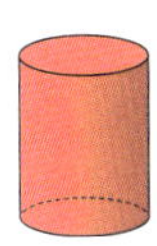 •   • cylindre

3 En Égypte, on trouve les tombeaux des pharaons dans le désert.
De quel solide ont-ils la forme (et le nom) ? Combien en comptes-tu ?

Les tombeaux ont la forme d'une ....

Il y en a ....

DÉFI

Combien de cubes ont été utilisés pour réaliser cette construction ?

→ ....

Résoudre des problèmes (3)

1 Résous ces problèmes.

À toi de choisir entre l'addition et la soustraction !
N'oublie pas de rédiger une phrase réponse.

a. Pour faire un cadeau à leur maman, Yanis et Inès ont rassemblé leurs économies. Yanis a 13 € et Inès a 36 €. De combien d'argent disposent-ils pour faire ce cadeau ?

b. Maxime a invité 32 amis à son anniversaire, mais 11 ne pourront pas être présents. Combien d'amis seront présents pour son anniversaire ?

c. Astrid a 32 marque-pages. Elle en achète 13 de plus sur un salon du livre. Combien a-t-elle de marque-pages maintenant ?

d. Ce samedi, un chauffeur de camion a parcouru 45 km le matin et 44 km l'après-midi. Combien de kilomètres a-t-il parcourus en tout ?

e. C'est la fin de la récréation. Rémi a 39 billes dans la poche. Avant la récréation, il n'en avait que 27. Combien a-t-il gagné de billes ?

f. Lucas a 28 sucettes dans son paquet. Il en distribue une à chacun des 22 enfants de la classe. Combien lui reste-t-il de sucettes après la distribution ?

Les heures

JE RETIENS

Sur une pendule, la petite aiguille indique l'**heure** et la grande aiguille indique les **minutes**.

Lorsque la grande aiguille est sur le 12, c'est qu'une nouvelle heure commence. Il est donc 3 heures pile.

1 Lis les pendules et indique l'heure qu'il est.

a.  ……………………

b.  ……………………

c.  ……………………

d.  ……………………

2 Lis l'heure, puis dessine la petite aiguille rouge sur la pendule.

a. 6 heures 

b. 11 heures 

c. midi 

d. 4 heures 

3 Relie chaque pendule à l'image qui lui correspond.

Chaque horloge indique l'heure soit du matin soit de l'après-midi. Aide-toi des différentes actions faites par la petite fille : il y a peu de chances qu'elle se lève ou qu'elle déjeune à minuit !

DÉFI

Lola doit aller chez sa mamie. Il y a deux heures de route pour s'y rendre. Si elle part à 8 heures du matin avec ses parents, à quelle heure arrivera-t-elle chez Mamie ?

Lola arrivera à ………… heures.

Évaluation

1 Colorie les cases de la même couleur que les segments, en les rangeant du plus court au plus long.

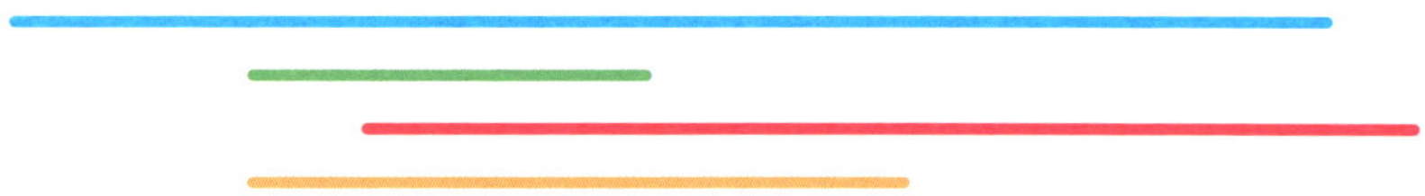

☐ < ☐ < ☐ < ☐

2 Complète les phrases avec les expressions « plus lourd », « plus léger ».

a. Un oiseau est .... qu'une plume.

b. Un moineau est .... qu'un aigle.

c. Un vélo est .... qu'une voiture.

d. Un camion est .... qu'une voiture.

Si tu as un doute, n'hésite pas à demander l'aide à un adulte.

3 Entoure la somme nécessaire pour acheter chacun des sachets de friandises.

a. 

b. 

c. 

4 Complète les pendules en t'aidant des images, puis entoure le moment de la journée dont il s'agit.

a.

C'est le matin / l'après-midi / le soir.

b.

C'est le matin / l'après-midi / le soir.

5 Résous ce problème.

Amine a 25 € dans sa tirelire. Il enlève 4 €. Combien a-t-il d'argent à présent ?

6 Dans ce tangram, colorie les rectangles en **bleu**, les triangles en **vert** et les carrés en **jaune**.

Attention ! il peut y avoir des pièges.

TOP CHRONO !

Calcule le plus vite possible.

49 + 10 = ...	16 + 23 = ...
25 – 14 = ...	20 – 15 = ...
80 + 20 = ...	45 + 35 = ...
100 – 50 = ...	50 – 8 = ...
26 – 11 = ...	2 × 5 = ...
3 × 2 = ...	7 × 2 = ...

L'écriture des nombres

Entraîne-toi à écrire les nombres en chiffres et en lettres !

0	zéro
1	un
2	deux
3	trois
4	quatre
5	cinq
6	six
7	sept
8	huit
9	neuf
10	dix

11	onze
12	douze
13	treize
14	quatorze
15	quinze
16	seize
17	dix-sept
18	dix-huit
19	dix-neuf
20	vingt
21	vingt et un

22	vingt-deux
23	vingt-trois
24	vingt-quatre
25	vingt-cinq
26	vingt-six
27	vingt-sept
28	vingt-huit
29	vingt-neuf
30	trente
31	trente et un
32	trente-deux

33	trente-trois
34	trente-quatre
35	trente-cinq
36	trente-six
37	trente-sept
38	trente-huit
39	trente-neuf
40	quarante
41	quarante et un
42	quarante-deux
43	quarante-trois

44	quarante-quatre
45	quarante-cinq
46	quarante-six
47	quarante-sept
48	quarante-huit
49	quarante-neuf
50	cinquante
51	cinquante et un
52	cinquante-deux
53	cinquante-trois
54	cinquante-quatre

55	cinquante-cinq
56	cinquante-six
57	cinquante-sept
58	cinquante-huit
59	cinquante-neuf
60	soixante
61	soixante et un
62	soixante-deux
63	soixante-trois
64	soixante-quatre
65	soixante-cinq

66	soixante-six
67	soixante-sept
68	soixante-huit
69	soixante-neuf
70	soixante-dix
71	soixante et onze
72	soixante-douze
73	soixante-treize
74	soixante-quatorze
75	soixante-quinze
76	soixante-seize
77	soixante-dix-sept

78	soixante-dix-huit
79	soixante-dix-neuf
80	quatre-vingts
81	quatre-vingt-un
82	quatre-vingt-deux
83	quatre-vingt-trois
84	quatre-vingt-quatre
85	quatre-vingt-cinq
86	quatre-vingt-six
87	quatre-vingt-sept
88	quatre-vingt-huit
89	quatre-vingt-neuf

90	quatre-vingt-dix
91	quatre-vingt-onze
92	quatre-vingt-douze
93	quatre-vingt-treize
94	quatre-vingt-quatorze
95	quatre-vingt-quinze
96	quatre-vingt-seize
97	quatre-vingt-dix-sept
98	quatre-vingt-dix-huit
99	quatre-vingt-dix-neuf
100	cent

Les doubles et les moitiés

Les doubles

Le double de 1, c'est 2
Le double de 2, c'est 4
Le double de 3, c'est 6
Le double de 4, c'est 8
Le double de 5, c'est 10
Le double de 6, c'est 12
Le double de 7, c'est 14
Le double de 8, c'est 16
Le double de 9, c'est 18
Le double de 10, c'est 20
Le double de 15, c'est 30
Le double de 20, c'est 40
Le double de 25, c'est 50
Le double de 30, c'est 60
Le double de 35, c'est 70
Le double de 40, c'est 80
Le double de 45, c'est 90
Le double de 50, c'est 100

Les moitiés

La moitié de 2, c'est 1
La moitié de 4, c'est 2
La moitié de 6, c'est 3
La moitié de 8, c'est 4
La moitié de 10, c'est 5
La moitié de 12, c'est 6
La moitié de 14, c'est 7
La moitié de 16, c'est 8
La moitié de 18, c'est 9
La moitié de 20, c'est 10
La moitié de 30, c'est 15
La moitié de 40, c'est 20
La moitié de 50, c'est 25
La moitié de 60, c'est 30
La moitié de 70, c'est 35
La moitié de 80, c'est 40
La moitié de 90, c'est 45
La moitié de 100, c'est 50

Apprends tous ces résultats par cœur pour calculer plus vite !

Les compléments à 10

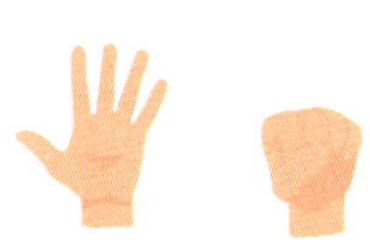

5 + 5 = 10

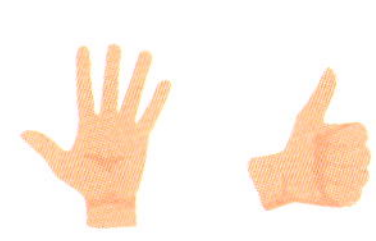

6 + 4 = 10
4 + 6 = 10

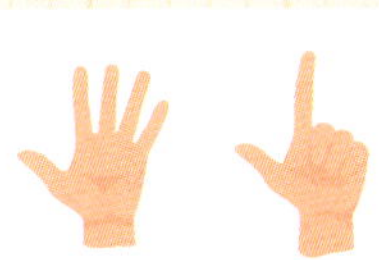

7 + 3 = 10
3 + 7 = 10

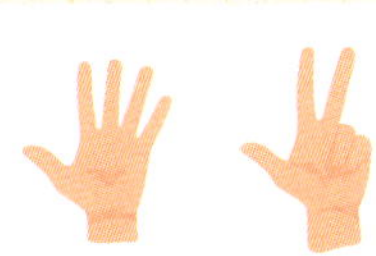

8 + 2 = 10
2 + 8 = 10

9 + 1 = 10
1 + 9 = 10

Les formes géométriques

Les formes planes

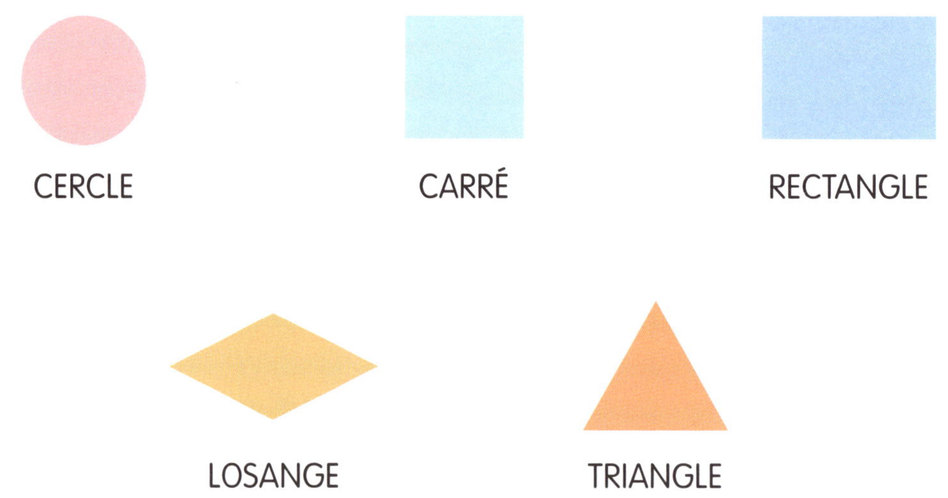

Les solides

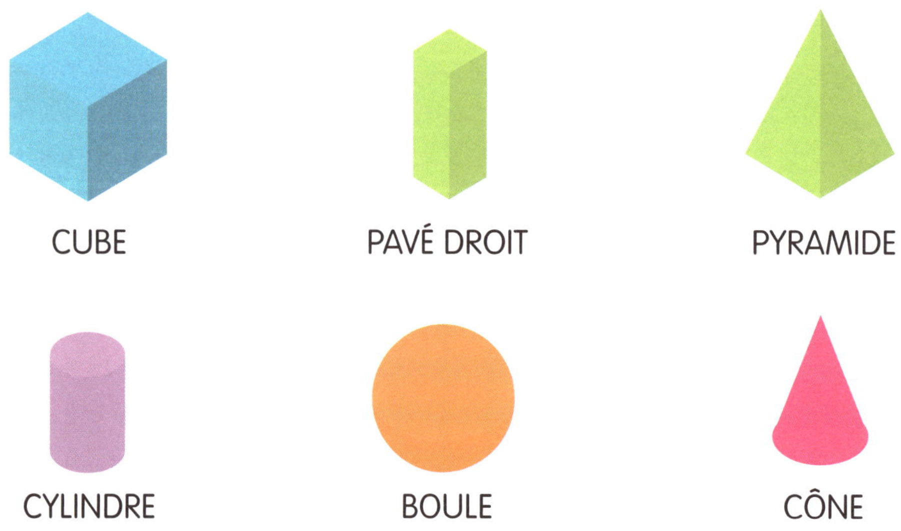

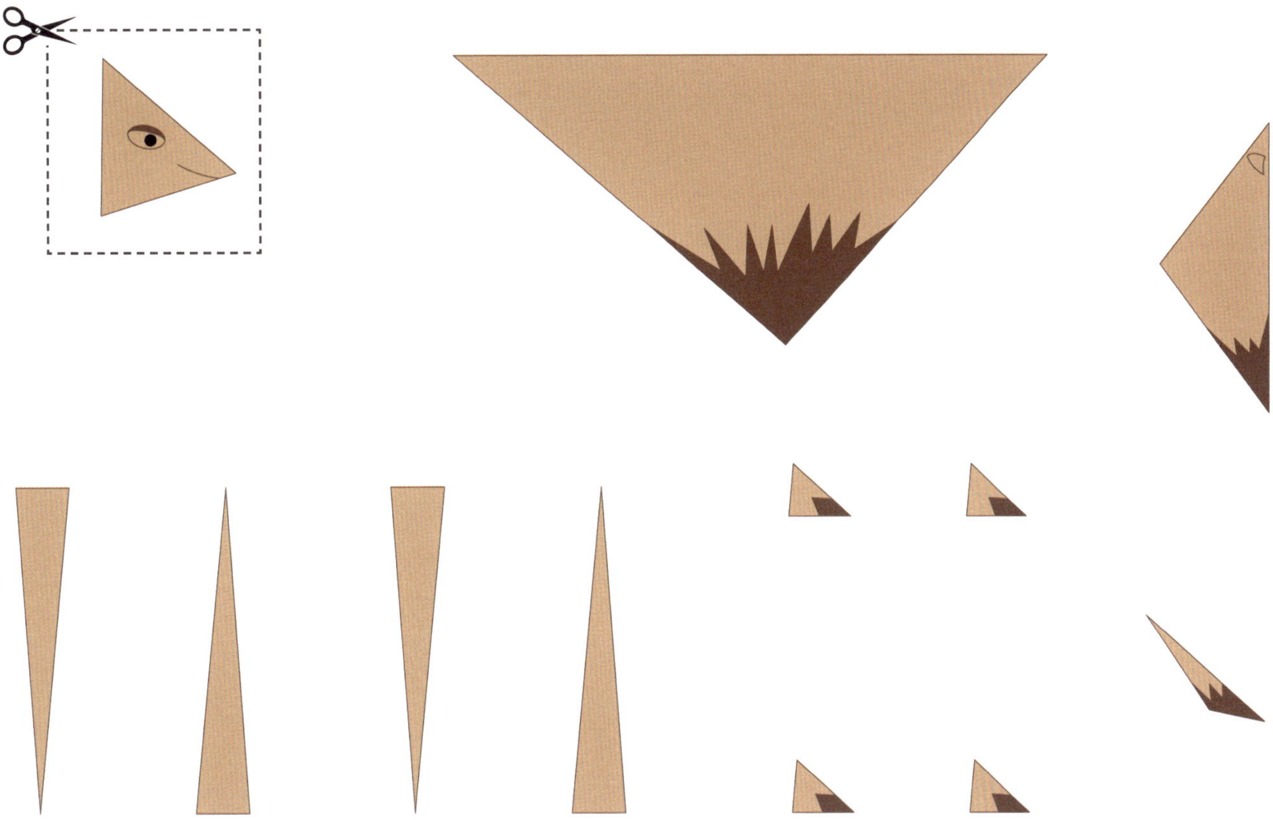

2 EURO
1 EURO

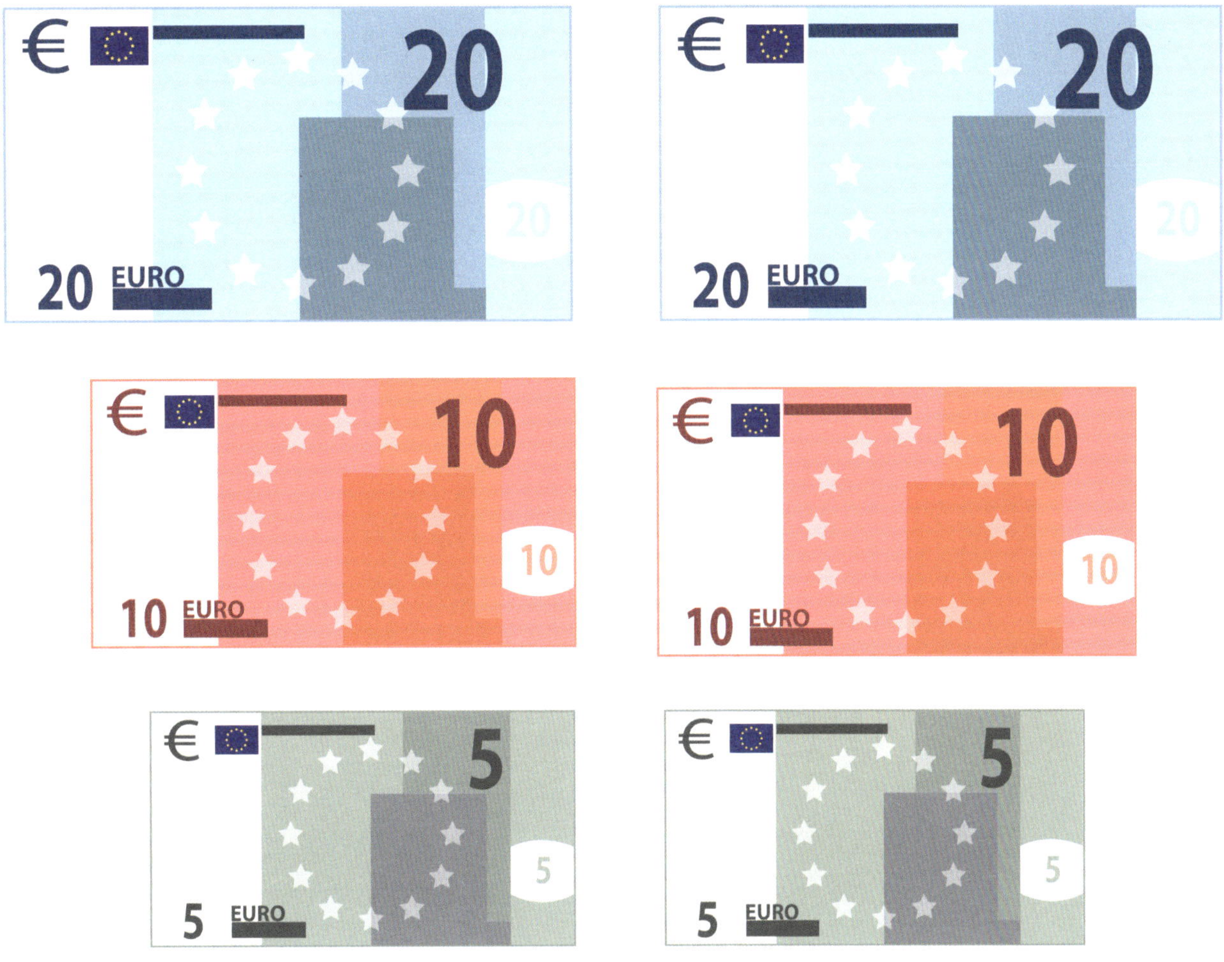
€ 20
20 EURO
€ 10
10 EURO
€ 5
5 EURO

Corrigés

PAGE 6

1. a)

b)

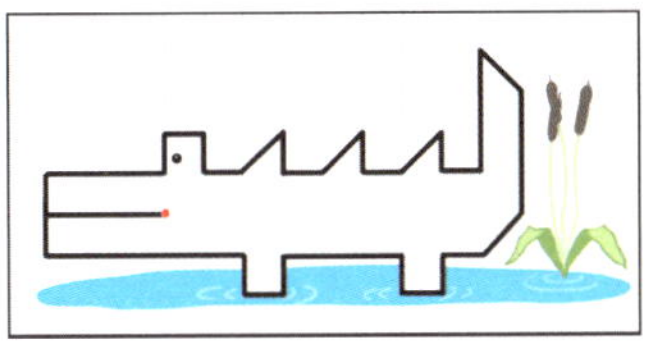

PAGE 7

1.

2.

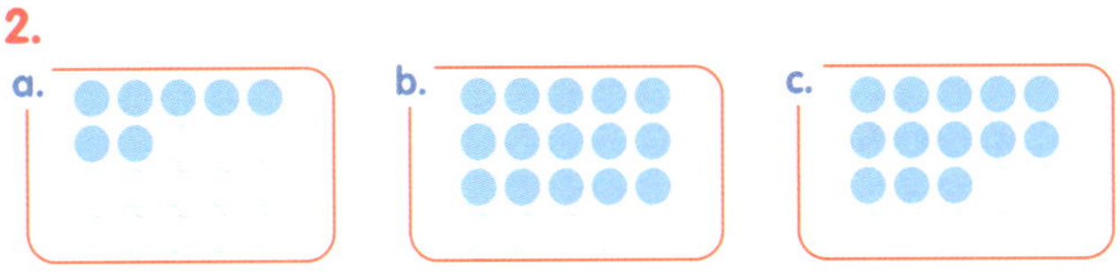

3. a) Il y a **quatorze** poires. b) Il y a **vingt** papillons. c) Il y a **dix-huit** castors.

la tortue.

PAGE 8

1.

2. a) 31. b) 26.
3. a) vingt-quatre. b) trente-neuf. c) quarante-sept.

PAGE 9

1. a) Clara a **44** crayons. 

b) Louis a **38** crayons. 

c) Lison a **23** crayons. 

2.

3. a)  b) 

37 (37 + 12 = 49).

PAGE 10

1. Marco a **36** billes.
2. Lili peut faire **4** paquets de 10 petites voitures.
   Il reste **8** petites voitures isolées.
   Elle a donc **48** petites voitures.
3.

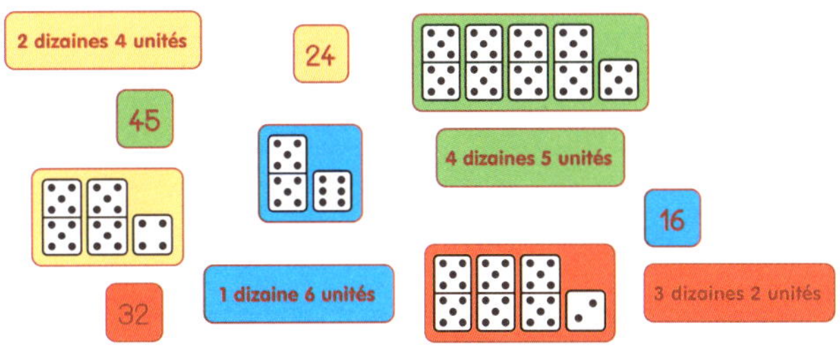

PAGE 11

1.

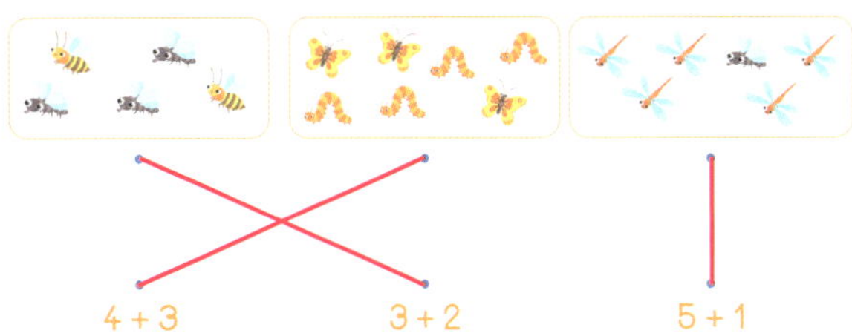

2. Paul arrive sur la case **28**.
3.

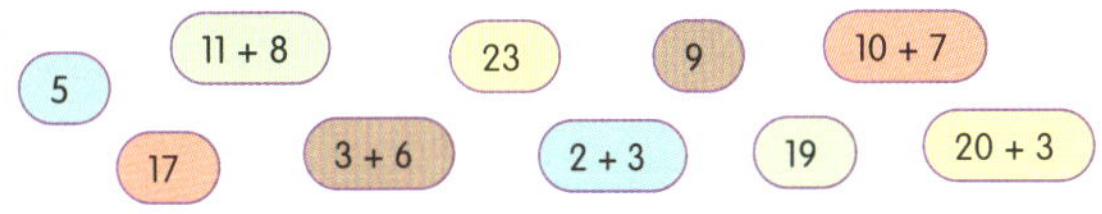

Le résultat correspond à la somme du nombre de lettres de chacun des membres de l'addition.

PAGE 12

1. a) b) c)

2. Nora arrive sur la case **46**.
3. a) **6**. b) **4**.
4. a) 15 – 7 = **8**. b) 20 – 11 = **9**. c) 19 – 5 = **14**.
   d) 27 – 10 = **17**. e) 15 – 3 = **12**.

E	B	C	R	A	P	S	V	U	O
11	9	10	14	8	13	15	17	16	12

Le mot mystère est : **BRAVO**.

PAGE 13

dix.

PAGE 14

1.

2. a) 51. b) 62. c) 76.

3. a) soixante-sept. b) soixante-quatorze.
c) quatre-vingt-dix-huit.

PAGE 15

1.

2.

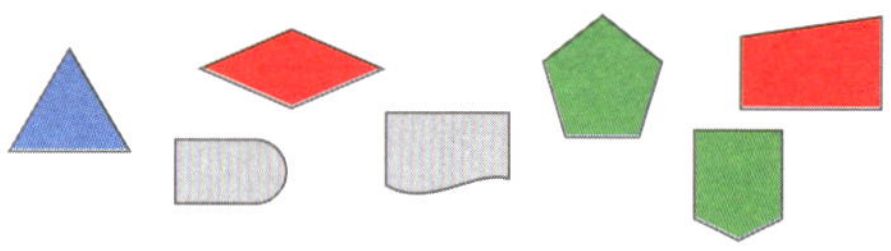

3. *Exemples.* a)

b)

Réponse b.

PAGE 16

1.

2. a) 12 : **douze**. b) **49** : quarante-neuf.
c) 54 : **cinquante-quatre**. d) 32 : **trente-deux**.
e) **100** : cent. f) **16** : seize.

3. 89 90 91 92 93 94 95 96 97 98 99 100

4. a)

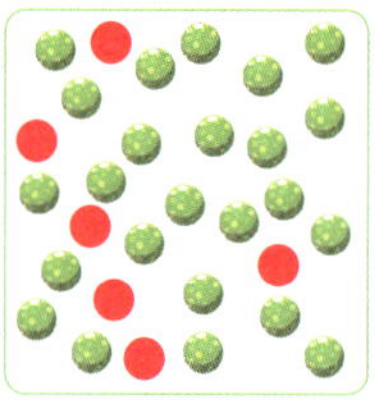

b)

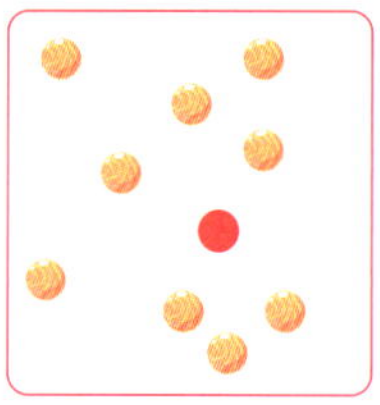

c)

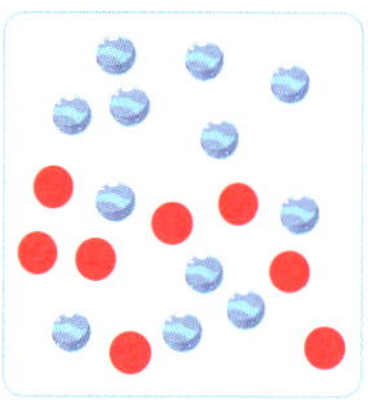

PAGE 17

5.

6.

8 ; 9 ; 7 ; 7 ; 16 ; 14 ; 10 ; 15 ; 1 ; 4 ; 6 ; 9.

PAGE 18

1.

2.

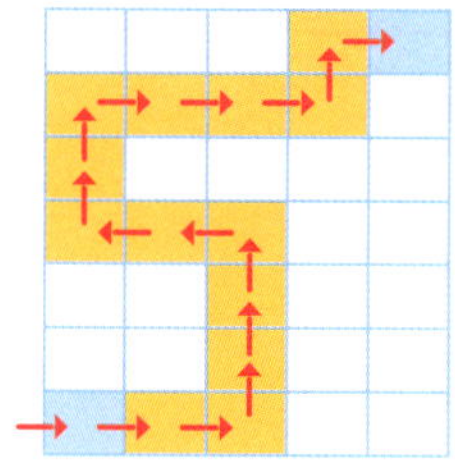

3. Les chenilles se trouvent en (**A** ; **3**), (**C** ; **5**) et (**E** ; **1**).

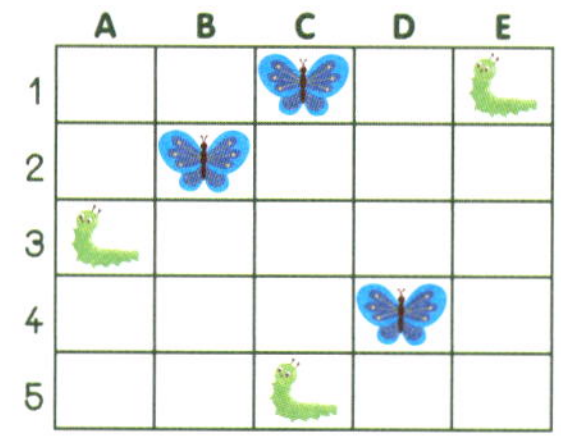

PAGE 19

1.

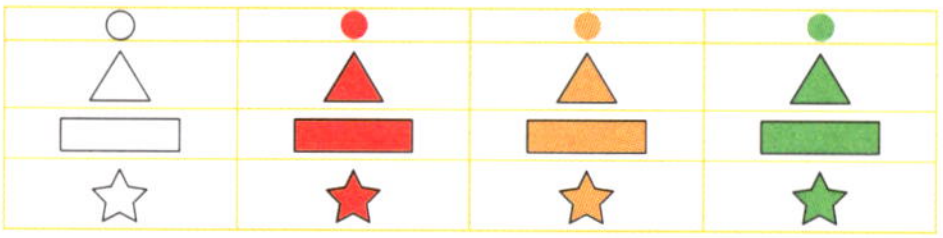

2.

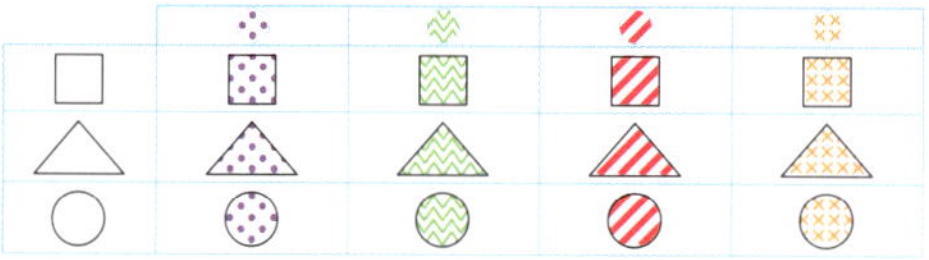

3. Les erreurs sont :

36	40	44	48	52	56	60

(+4 à chaque fois)

PAGE 20

1.

2.

3. a) **16**. b) **10**.

4. **5 œufs**.

PAGE 21

1. Réponse **b**.

2.

3.

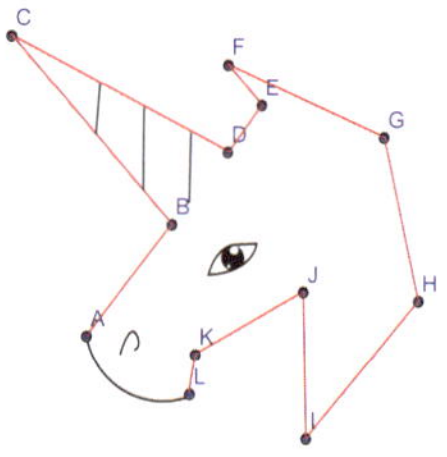

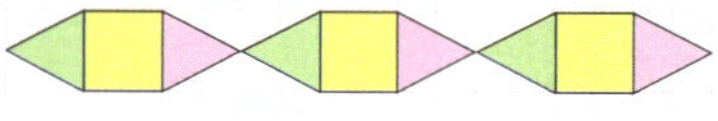

PAGE 22

1.

5	10	20	10	20	35	25
20	15	20	25	30	40	70
30	25	20	30	35	50	55
35	22	40	35	60	60	20
40	24	45	36	80	70	10
45	55	50	65	90	75	45
32	60	60	28	100	50	42

2.

3.

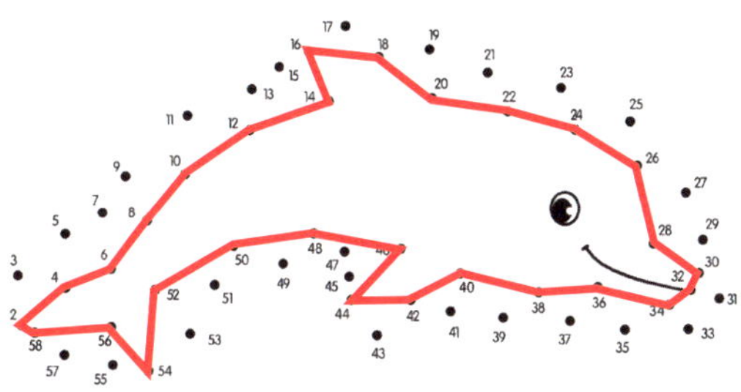

PAGE 23

1.

lundi
mardi
mercredi
jeudi
vendredi
samedi
dimanche

a) Il y a **7** jours dans une semaine.

2.

Hier	Aujourd'hui	Demain
vendredi	samedi	dimanche
mardi	mercredi	jeudi
mercredi	jeudi	vendredi

3. a) Le lendemain de mercredi, c'est **jeudi**.
b) La veille de lundi, c'est **dimanche**.
c) Le lendemain de dimanche, c'est **lundi**.
d) La veille de mardi, c'est **lundi**.
e) Le lendemain de jeudi, c'est **vendredi**.
f) La veille de vendredi, c'est **jeudi**.

D (car ce sont les initiales des jours de la semaine).

PAGE 24

1. a) Les **mercredi** et **vendredi**. b) **3 fois**.
c) Les **lundi**, **mercredi** et **samedi**.

2. a) **Milo**. b) **Léna**.

3.

PAGE 25

1. a)

	dizaines	unités
	3	4
+	2	2
=	5	6

b)

	dizaines	unités
	1	6
+	2	0
=	3	6

c)

	dizaines	unités
		6
+	2	3
=	2	9

2. a)

	dizaines	unités
	3	1
+	4	3
=	7	4

b)

	dizaines	unités
	2	1
+	1	5
=	3	6

c)

	dizaines	unités
	5	2
+	2	2
=	7	4

On obtient le nombre **412**.
La bonne clé est de couleur **bleue**.

PAGE 26

1. a)

	dizaines	unités
	1	8
–		8
=	1	0

b)

	dizaines	unités
	2	7
–	1	0
=	1	7

c)

	dizaines	unités
	3	5
–	2	2
=	1	3

2.

	d	u
	4	8
–		7
=	4	1

PAGE 27

1. a) Combien y a-t-il d'emplacements vides ?
b) Combien de cartes reste-t-il à Mathis ?

2. a) 2 + 2 = **4**. Il y a **4** champignons.
b) 4 + 3 = **7**. Il y a **7** champignons.

3. a) 1 + **2** = **3**. Il y a **3** bougies en tout.
b) 2 + **3** = **5**. Il a **5** voitures garées en tout.
c) 2 + **4** + **1** = **7**. Elle va payer **7** € en tout.

1 (la girafe, car les autres animaux vont dans l'autre sens).

PAGE 28

1. Sarah

Adrien

2. a) Sarah a fait **5** sauts. b) Adrien a fait **4** sauts.
c) C'est **Adrien** qui est arrivé en premier.

3. a)

	5	8
–	2	1
=	3	7

b)

	4	6
–	3	3
=	1	3

4.

	lundi	mardi	jeudi	vendredi
Lecture	✓	✓	✓	✓
Musique		✓		
EPS	✓		✓	

PAGE 29

5. a) Quel est l'âge de Léa ?
   b) Combien coûte la boîte d'œufs ?

6. 11 + **7** = **18**. Tatiana a **18** billes.

26 ; 90 ; 70 ; 85 ; 44 ; 26 ; 14 ; 12 ; 23 ; 21 ; 39 ; 20.

PAGE 30

1.

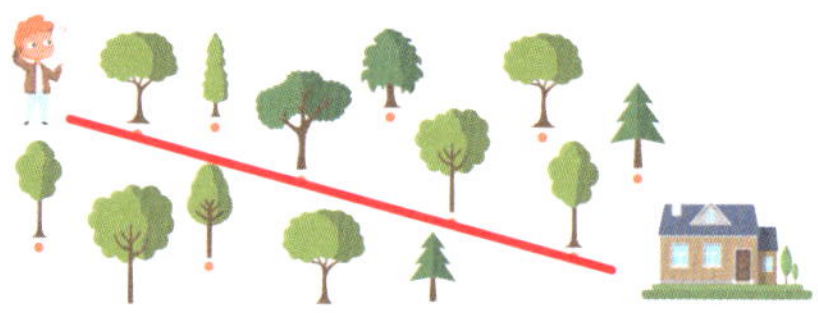

2.

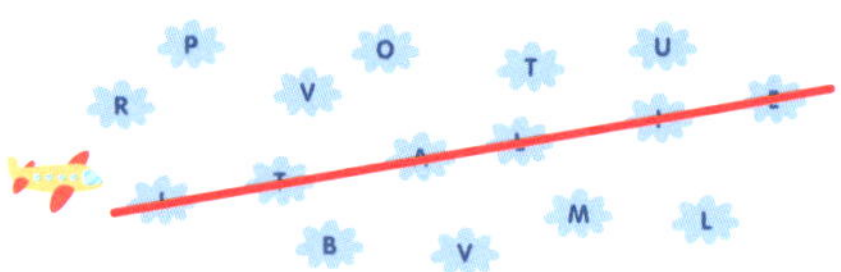

L'avion va en **Italie**.

3.

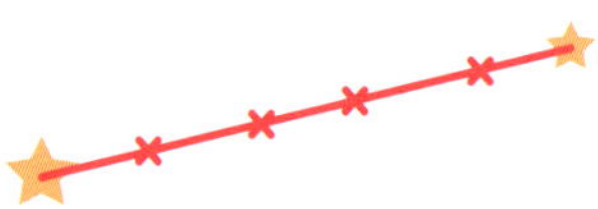

PAGE 31

1. a) 12 + 6 = 18. En tout sur ce parking, il y a **18** places.
   b) 6 + 3 = 9. Ensemble, ils ont ramassé **9** coquillages.
   c) 30 + 50 = 80. Il a reçu **80** € en tout pour son anniversaire.

2. a) 100 – 60 = 40. Il lui reste **60** pièces à placer.
   b) 30 – 15 = 15. Il y a **15** bouleaux dans le parc.

8 (= 3 et = 5).

PAGE 32

1. a) b) c) d) e)

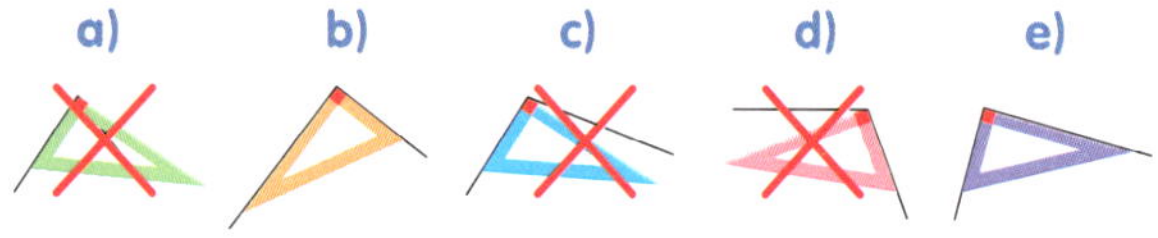

2.

3.

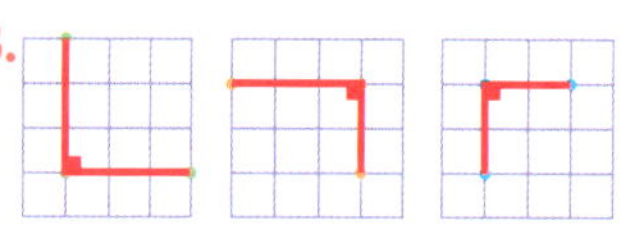

4.

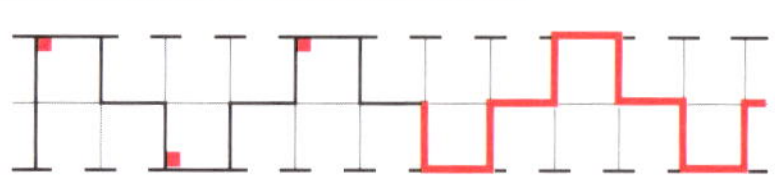

PAGE 33

1. a) **2** × **4** = **8**. b) **3** × **3** = **9**.

2. a) **4** × **6**. b) **7** × **5**.

3.

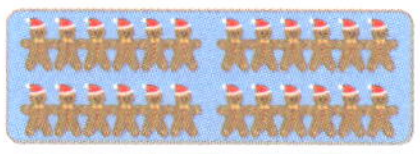	2 + 2 + 2 + 2 + 2 + 2 + 2 + 2	6 × 4	12
	3 + 3 + 3 + 3	2 × 8	16
	6 + 6 + 6 + 6	3 × 4	24

25 carreaux.

PAGE 34

1. **7** ▲ **2** ■

2. Assemblage **C**.

3.

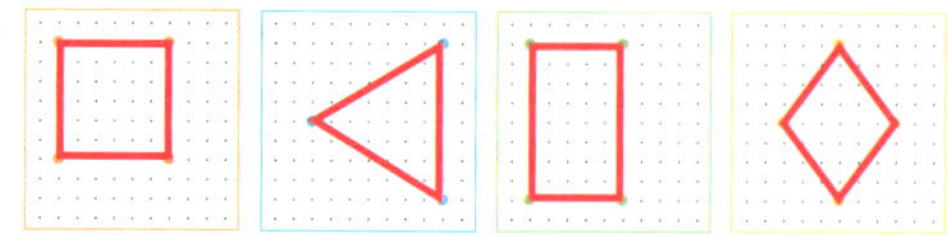

PAGE 35

1. a) 10 + 8 = 18. Ils ont mangé **18** pommes à eux deux.
   b) 56 + 11 = 67. Il arrive sur la case **67**.
   c) 15 + 14 = 29. **29** enfants sont montés dans le bus.

2. a) 8 – 3 = 5. Il lui reste **5** tablettes de chocolat.
   b) 12 – 6 = 6. Lina doit encore rendre **6** livres.

Deux flèches dans le 8 et une flèche dans le 3 (8 + 8 + 3 = 19).

PAGE 36

1.

2.

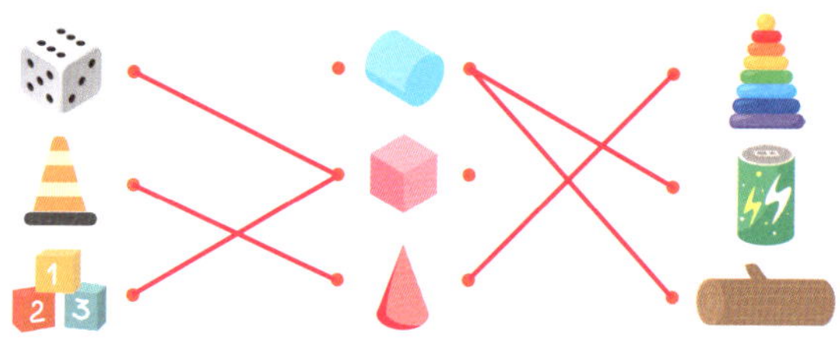

3.

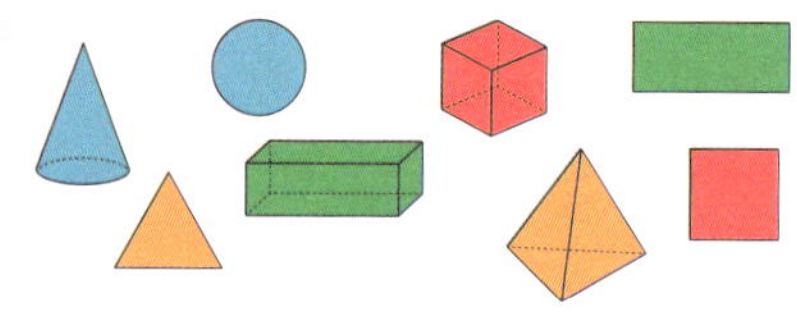

PAGE 37

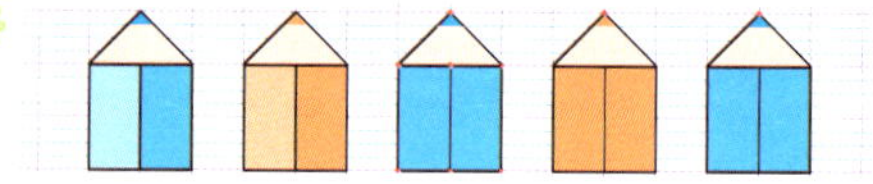

PAGE 38

1.

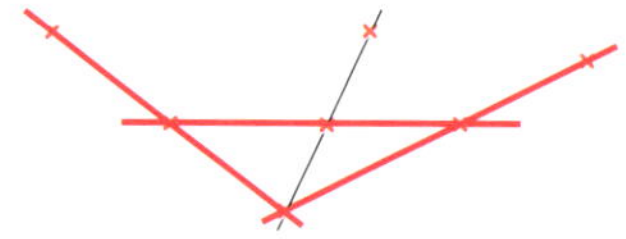

2.

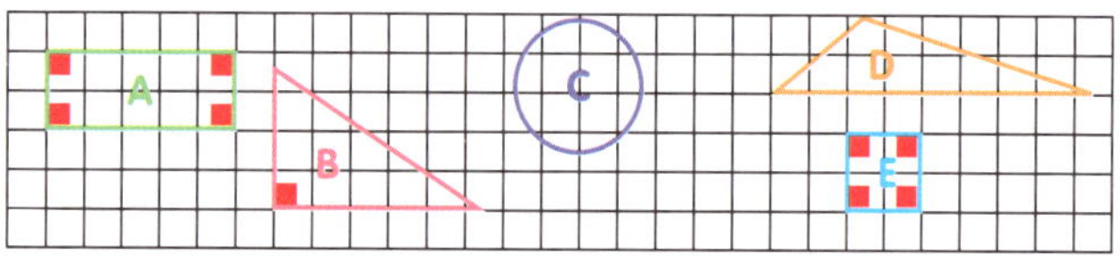

3. **A :** c'est un **rectangle**. **B :** c'est un **triangle**.
   C : c'est un **cercle**. **D :** c'est un **triangle**.
   E : c'est un **carré**.

4.

PAGE 39

5.

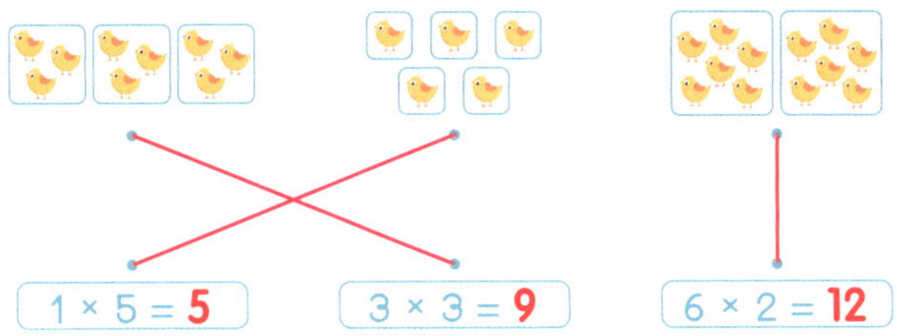

6. 28 – 12 = 16. Il y a **16** filles dans cette classe.

28 ; 39 ; 11 ; 8 ; 8 ; 8 ; 7 ; 9 ; 60 ; 80 ; 25 ; 30.

PAGE 40

1. a) b) c)

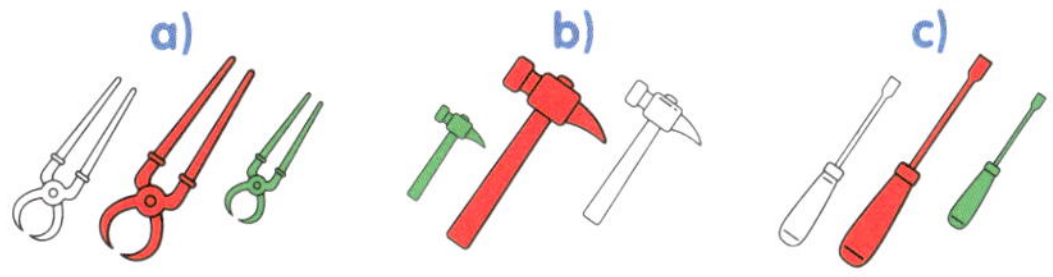

2. B ; D ; G

3. E < F < C < A < B < G < D

4. Le segment rouge mesure **4** centimètres.
Le segment violet mesure **9** centimètres.

PAGE 41

1.

2.

cercle ; rectangle ; carré ; triangle.

PAGE 42

1. a) b) c) d)

2. a) Le stylo est ~~plus lourd~~/plus léger que le globe terrestre. b) Le sac à dos est plus lourd/~~plus léger~~ que les lunettes. c) La règle est ~~plus lourde~~/plus légère que le bus. d) Le tableau est plus lourd/~~plus léger~~ que le trombone.

3. a) b) c) d)

4. La poule fait **2** kg.

PAGE 43

1.

a) 56 + 13 = **69**

b) 17 + 52 = **69**

c) 81 + 18 = **99**

d) 45 + 33 = **78**

e) 62 + 27 = **89**

f) 95 – 43 = **52**

g) 23 – 13 = **10**

h) 61 – 60 = **1**

i) 84 – 63 = **21**

UN.

PAGE 44

1. a) Eva a **27** euros. b) Jeanne a **22** euros.

2. a) **3 pièces de 1 euros.** b) **1 billet de 5 euros.**

3. a) b) c)

4. Eva **n'a pas** assez d'argent. Il lui **manque 1** euro.

PAGE 45

1.

2.

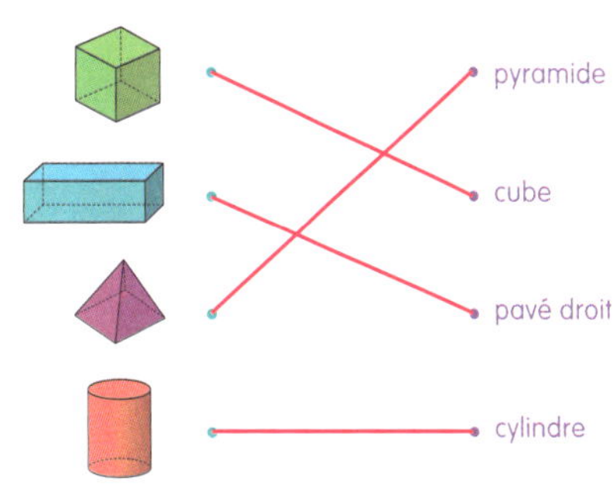

3. Les tombeaux ont la forme d'une **pyramide**. Il y en a **7**.

12.

PAGE 46

1. a) 13 + 36 = 49. Ils disposent de **49** € pour faire ce cadeau. b) 32 – 11 = 21. **21** amis seront présents à son anniversaire. c) 32 + 13 = 45. Elle a maintenant **45** marque-pages. d) 45 + 44 = 89. Il a parcouru **89** km en tout. e) 39 – 27 = 12. Il a gagné **12** billes. f) 28 – 22 = 6. Il lui reste **6** sucettes après la distribution.

PAGE 47

1. a) **8 heures**. b) **10 heures**. c) **12 heures**. d) **5 heures**.

2. a) b) c) d)

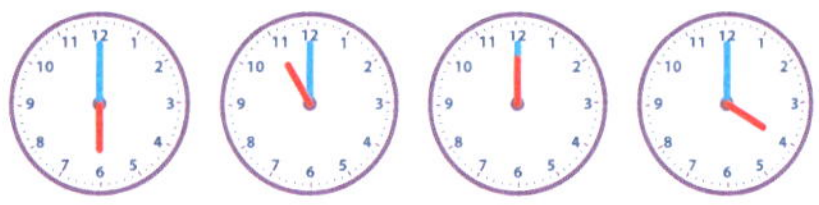

3.

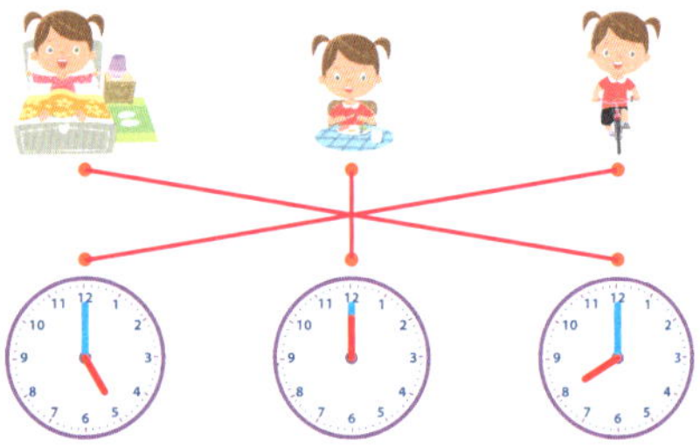

Lola arrivera à **10** heures.

PAGE 48

1. 

2. a) Un oiseau est **plus lourd** qu'une plume.
   b) Un moineau est **plus léger** qu'un aigle.
   c) Un vélo est **plus léger** qu'une voiture.
   d) Un camion est **plus lourd** qu'une voiture.

3. a) 

   b) 

   c) 

4. a) 

C'est le **matin**.

b) 

C'est le **soir**.

PAGE 49

5. 25 – 4 = 21. Il a **21** € à présent.

6. 

59 ; 39 ; 11 ; 5 ; 100 ; 80 ; 50 ; 42 ; 15 ; 10 ; 6 ; 14.